Ursula und Stephan Lebert

Du bist mein Augenstern

Ursula und Stephan Lebert

Du bist mein Augenstern

Was die Zeit aus Ehen macht

Karl Blessing Verlag

Umwelthinweis:
Dieses Buch und der Schutzumschlag wurden auf chlorfrei gebleichtem Papier gedruckt.
Die Einschrumpffolie (zum Schutz vor Verschmutzung) ist aus umweltfreundlicher und recyclingfähiger PE-Folie.

Der Karl Blessing Verlag ist ein Unternehmen der Verlagsgruppe Random House GmbH.

1. Auflage

Umschlaggestaltung: Design Team, München
Satz: Uhl + Massopust, Aalen
Druck und Bindung: Clausen & Bosse, Leck
Printed in Germany
ISBN 3-89667-178-2
www.blessing-verlag.de

Inhalt

Die Zweierwette

von Stephan Lebert

Wer hat es wohl geschafft, wer ist noch zusammen? Welche der Ehen hat gehalten, bis heute?

Fragen dieser Art eignen sich für eine Fernsehshow, an der Sie, verehrte Leserinnen und Leser, von nun an teilhaben. Sie sehen die Bilder von sieben Paaren, wie sie damals, vor 30 Jahren, geheiratet haben. Sie bekommen ein paar Informationen über die Leute. Wie verliebt sie waren, wie sie gelebt haben, welche Pläne und Träume sie hatten. Und dann – dann könnten Sie als Publikum raten und wetten: An welche der Ehen glauben Sie, an welche eher nicht.

Rückblende. In den Siebzigerjahren bis Anfang der Achtzigerjahre hat die Journalistin Ursula Lebert für die Zeitschrift *Brigitte* junge Ehepaare besucht und porträtiert. Quer durch alle Schichten, quer durch die alte Bundesrepublik – der Osten Deutschlands war leider noch eingemauert – ist sie gereist, und es sind Momentaufnahmen entstanden, die von Liebe erzählen und auch von den Mühen des Alltags. Und von einem festen Wunsch aller jungen Eheleute: Sie wollten Glück haben, und sie wollten dieses Glück organisieren, mehr oder weniger durchdacht. Man erinnere sich: Wir befanden uns in den Nachwehen der 68er-Jahre. Die Ideologen hatten auch die Themen Partnerschaft und Familie ins Visier genommen, hatten vielerorts den Ausbruch aus der Kleinbürgerlichkeit gefordert. Liebe, Sex, Zusammenleben, Kindererziehung – alles sollte neu und *anders* werden. Einige der Eheleute prophezeien in den Interviews dann auch, dass sie es besser, freier machen wollen als ihre Eltern. Eine Frau spricht davon, dass sie alles tun werde, damit sich ihre Ehe nicht in ein Gefängnis verwandle. Die *Brigitte* hat damals ausschließlich Beziehungen ausgewählt zwischen Mann und Frau, keine gleichgeschlechtlichen. Heute würde man das sicher anders machen, auch das ein Beweis, wie sich die Zeiten geändert haben.

In diesem Buch sind die Geschichten von Ursula Lebert abgedruckt. Zum besseren Verständnis sind hier kurz die Lebensumstände angerissen, in denen die Ehepaare damals angetroffen wurden.

Hanni und Joseph Gubisch, sie Angestellte, er Bauzeichner, beide Mitte 20, zwei kleine Kinder. Ein Alltagsleben in München. Hanni geht abends in die Frauengruppe. Der Mann ist ordentlich, zuverlässig, ein guter Vater. Ob sie glücklich ist? »Nein«, antwortet Hanni, »das möchte ich nicht sagen. Vielleicht so: ein bisschen glücklich, aber auch ein bisschen unglücklich.«

Rosi und Alfred Eink, sie 20, er 21, sie Verkäuferin, er Bergarbeiter. Er stammt aus einer alten Bergarbeiterfamilie, so weit man zurückblicken kann, arbeiten die Einks unter Tage. Sie beide wohnen noch bei seinen Eltern in Recklinghausen, sparen aber auf eine eigene Wohnung. Sie ist schwanger, doch das Kind stirbt bei der Geburt. Sie wollen unbedingt bald wieder ein Kind.

Sabine und Herbert Lombard, beide 22, beide Biologiestudenten in Marburg. Sie leben mit ihrem Baby in einer Wohngemeinschaft. Sie sind links, lesen Marx und Engels und werfen der Gesellschaft vor, sie sei ausbeuterisch, profitgierig, heuchlerisch. In der Wohngemeinschaft ist immer volles Haus. Ob sie sich ihr Leben mal in einer eigenen Wohnung vorstellen können? Nein, sagte Sabine, niemals, zu bürgerlich.

Gaby und Manfred Koplin, sie 35, er 44, sie Sportlehrerin, er Leiter eines Rechenzentrums. Kennen sich schon ein paar Jahre. Haben Scheu vor einer zu engen Beziehung. Sie sagt: »Eigentlich war bei uns die gemeinsame Angst vor der Ehe der Heiratsgrund…« Sie nehmen sich beide große Freiheiten, auch in sexueller Hinsicht. Beide haben Affären, erzählen sich davon. Sie haben sich in der Nähe von Bonn ein altes Bauernhaus hergerichtet, wohnen dort mit ihrem schwarz-weißen Kater.

Brigitte und Lothar Reschke, sie 23, er 28, sie Versicherungsangestellte, er Polizeibeamter. Sie wohnen im Märkischen Viertel in Berlin, der modernen Betonstadt, in der rund 60 000 Menschen leben. Beide führen ein stilles Leben und planen gerne. Urlaub, Kegeltermin, wann die nächste Anschaffung anfällt. Und Kinder, ja, bestimmt, in zwei, drei Jahren, die Wohnung ist groß genug. Lothar Reschke geht Streife, täglich, und ist Hundeführer. Das heißt, er bildet Schäferhunde aus, das heißt ein Hund ist immer in der Wohnung. Ein Hundeführer muss übrigens verheiratet sein. Hunde, so die Polizeiverordnung, brauchen feste soziale Verhältnisse.

Die Wohngemeinschaft Grautvornix im Hamburger Stadtviertel Steilshoop. Ein einzigartiges Modell. Der Architekt Rolf Spille hat die 440 Quadratmeter große Wohnung nach dem Gesichtspunkt »wohngemeinschaftstauglich« entworfen. Ungefähr ein Dutzend Erwachsener samt etwa ebenso vieler Kinder leben hier. Verheiratete, Unverheiratete, Alleinerziehende, Künstler, Beamte, Selbstständige. Eine freiwillige Familie, nennt sie der Erziehungswissenschaftler Friedhelm Neidhart.

Ingrid und Wolfgang Baaske, sie 31, er 33, sie Krankenschwester, er Stahlkaufmann. Sie lernten sich beide durch eine Computeraktion kennen: Treffpunkt 77. Aus 40 000 Menschen werden sie ausgewählt, das sind die zwei, deren Eigenschaften am besten zueinander passen müssten. Sie treffen sich, sie verlieben sich, sie ziehen zusammen. Geschmacklich gibt es keine Probleme, sogar die jeweiligen Topfpflanzen passen zusammen.

Wer hat Ihrer Meinung nach die besten Chancen? Auf wen würden Sie setzen? Auf welches Lebensmodell?

Sie werden lesen, wie die Geschichten weitergegangen sind. Stephan Lebert, der Sohn von Ursula Lebert, der Reporterin von damals, hat diese Leute wieder besucht. Und Ursula Lebert nimmt diese Fortsetzungsgeschichten zum Anlass für einen neuen Text, der ein Fazit versucht. Ein Fazit, ja, aber von was? Ihr Mann ist vor ein paar Jahren gestorben, ihre Ehe liegt hinter ihr. Was ist das für ein Gefühl, wenn man sich vornimmt, diese drei Buchstaben zu beschreiben: Ehe?

Die Leute von damals waren in der Regel nicht schwer zu finden. Sie standen im Telefonbuch. Der erste Anruf ging immer in etwa so: »Entschuldigen Sie bitte die Störung, dies ist ein merkwürdiger Anruf. Vielleicht erinnern Sie sich? Meine Mutter hat Sie vor langer Zeit einmal porträtiert. Wir wollen jetzt noch einmal nachgucken …«

Eine Zeitreise. Wenn man so will: Eine besondere Methode, sich dem Thema Liebe in sich ändernden Zeiten zu nähern. Oder ist die Zeit gar nicht das geeignete Instrument? Hat man weniger intensiv geliebt, wenn eine Liebe nur ein Jahr oder gar vier Wochen dauert? Der Film *Casablanca* gilt als Inbegriff aller magischen Liebesgeschichten – und da dauerte die gelebte Romanze von Ingrid Bergman und Humphrey Bogart in Paris lediglich einige Tage. Und ging bekanntlich ehemäßig am Ende auch nicht gut aus. Hat die große Liebe immer auch was mit Scheitern zu tun? Aber auch die Geschichten mit Happyend: Und was kommt danach? Der Soziologe Ulrich Beck schreibt: »Der späte Turmbau zu Babel, aus Scheidungsurteilen errichtet, ist ein Denkmal der enttäuschten, überhöhten Liebe.«

Aber andererseits: Man kennt doch die grausigen Ehepsychogramme des schwedischen Regisseurs und Schriftstellers Ingmar Bergman, in denen man als Betrachter manchmal nichts sehnlicher und zugleich hoffnungsloser wünschen würde, als dass diese Liebesbande doch endlich reißen mögen.

Es geschah im Jahr 1982, in einem Vorort von München: Ein junger Mann zieht nach dem Abitur zu Hause aus, Freunde helfen ihm beim Tragen der Kisten. Und der Vater steht weinend in der Tür, während die Kisten an ihm vorbeigetragen werden, und sagt immer nur diesen einen Satz zu seinem Sohn: »Du kannst mich doch nicht alleine mit deiner Mutter lassen.«

Man kann dazu auch einen Witz erzählen. Kommt ein altes, sehr altes Ehepaar zum Scheidungsrichter. Der fragt: »Wie alt sind Sie?« Beide antworten: »Über 90.« »Entschuldigen Sie bitte«, sagt der Richter, »aber warum wollen Sie sich jetzt scheiden lassen?« Da bricht es aus beiden heraus: Er hat mich nie verstanden, sie war kalt und abweisend, er ging dauernd fremd… »Okay, okay«, sagt der Richter, »aber noch eine Frage: Warum, um Himmels willen, kommen Sie erst jetzt?« Die Antwort: »Wir wollten warten, bis die Kinder tot sind.«

Noch mal andererseits: Der Literaturnobelpreisträger Gabriel García Márquez hat erzählt, dass er einmal in einem Straßencafé in Paris ein altes Paar sitzen sah, das Händchen haltend still dasaß. Von den beiden sei eine solche Faszination ausgegangen, dass er augenblicklich beschloss, eine Hymne auf die lebenslange große Liebe zu verfassen, in Romanform, versteht sich. Der Roman hat den Titel *Die Liebe in den Zeiten der Cholera.*

Lebenslange Liebe, lebenslange Ehe: Alle Umfragen belegen, dass dies immer noch und immer wieder die ganz große Sehnsucht der Menschen ist. Die Formel »Bis dass der Tod euch scheidet« hat nichts von ihrer Magie verloren.

Was dieses Buch betrifft, sollte man das Thema Liebe vielleicht möglichst nüchtern formulieren. Diese Zeitreise von rund 30 Jahren schildert, was Menschen, die sich lieben, so alles miteinander anstellen. Welche Ideen sie hatten und haben, um in ihrem Leben etwas Glück zu finden. Wie die Liebesgeschichten zweier Menschen schief gehen, wie die Leute immer wieder neu versuchen, und so weiter. Sehr offen reden sie darüber, viel offener und schonungsloser, als wir es erwartet hatten. Kann es sein, dass mit den Jahren vor allem eine Kraft schwindet, nämlich die, sich selbst etwas vorzumachen? Als wir Autoren mit der Arbeit an diesem Buch anfingen, dachten wir, letztlich könnte man die Fortsetzungsgeschichte dieser Paare auf eine Frage zuspitzen: glücklich oder unglücklich? Das war ein Irrtum. Es sind sehr private Geschichten, die alle eine Kulisse haben, eine Umgebung, in der sie ablaufen, abgelaufen sind. Beispielsweise kann man in der alten Bergarbeiterstadt Recklinghausen, in der heute der Untergang der Kumpel fast schon museal verwaltet wird, nachprüfen, ob der äußere Zerfall in den familiären Strukturen zerstörerische Spuren hinterlassen hat.

Oder was es für das Zuhause bedeutet, wenn der Vater ein erfolgreicher Computeringenieur war, nach der Fusion seiner Firma mit einem amerikanischen Unternehmen plötzlich gegen seinen Willen einen Firmenanzug tragen muss und am Ende Taxi fährt. Oder wenn ein Bauzeichner jede Nacht um halb drei aufsteht, um vor Arbeitsbeginn noch Zeitungen auszutragen, damit ein wenig mehr in die Kasse kommt.

Oder bedeutet das alles eben nicht so viel, wie man vielleicht meinen könnte? Ehe, Liebe: Ein sehr eigenes Räderwerk, das ausschließlich von den Anziehungskräften der beiden Protagonisten am Laufen gehalten wird?

Man könnte die Kulissen dieser Ehegeschichten hochrechnen, und herauskommt das, was man so gerne deutsche Wirklichkeit nennt. 30 deutsche Jahre. Viel hat sich in dieser Zeit verändert, aber eines vielleicht vor allem: Anfang der Siebzigerjahre gehörte es zumindest bei den Intellektuellen zum guten Ton, die gesellschaftlichen Verhältnisse für privates Unglück oder Glück verantwortlich zu machen. Ob da was dran war oder nicht: Es hat möglicherweise geholfen, angesichts eigener Sprachlosigkeit gleich an einem zwischenmenschlichen Gesamtmodell, am besten weltweit, zu basteln. Man war nie ganz allein, wenn man die Türen hinter sich geschlossen hat. 30 deutsche

Jahre. Das sind auch 30 Jahre Familienpolitik. Das sind 30 Jahre politische Reden, die im Inhalt fast identisch geblieben sind, obwohl sich die Wirklichkeit ständig dramatisch verändert. Man müsse mehr tun für die Familien, heißt es, für die Kinder, für die Frauen, für die Frauen und Männer. Die Familie, das ist doch unser aller Allerwichtigstes. Es ist ein peinliches Ritual geworden, dass die Parteien in jedem Wahlkampf, ob 1972 oder 2002, angetrieben von Meinungsforschern die Familie wieder entdecken als großes Thema. Kaum etwas dokumentiert deutlicher die längst schon kalt erstarrte Entfremdung zwischen Politik und Bevölkerung als dieses Verhalten. Niemand hört mehr zu, niemand würde es mehr hören, wenn auf einmal Vernünftiges geredet würde.

Dabei sind die führenden Politiker durchaus geeignet, die Veränderung des privaten Lebens in diesem Land zu dokumentieren. Man darf ihnen nur nicht zuhören, man muss sich ihre persönlichen Biographien anschauen, um zu erkennen, welche verschlungenen Wege die Liebe heutzutage gerne einschlägt. Zum Beispiel Gerhard Schröder: drei Scheidungen hinter sich, die vierte Ehe läuft. Joschka Fischer: drei Scheidungen überstanden, mitten in der vierten Ehe. Angela Merkel: zweite Ehe, kinderlos. Guido Westerwelle: ledig. Auch der Fall Hannelore Kohl ist eine Ehegeschichte: Sie hat einmal angedeutet, dass die Zeit endgültig vorbei ist, in der eine Frau sich im Schatten eines noch so mächtigen Mannes im wahrsten Sinne des Wortes auflöst.

Es gibt die verschiedensten Lebensläufe in Sachen

Liebe, in der Politik und anderswo, aber sind sie überhaupt so verschieden? Es geht im Kern nämlich um sehr ähnliche Muster.

Der Soziologe Heinz Bude hat in seinem sehr klugen Buch *Das Altern einer Generation* mit der 68er-Generation hart abgerechnet. Dabei schrieb er, die persönliche Erfolgsbilanz eines Menschen sei davon abhängig, welche Eigenschaften von einer Gesellschaft gerade gefordert oder prämiert werden. Welche Eigenschaften sind das heute? Jeder kann Punkte im öffentlichen Bild machen, wenn er eine glückliche Zweierbeziehung oder eine glückliche Familie mit Kindern vorweisen kann, egal, ob es zutrifft. Der Schein ist wichtig. Jeder darf auf Verständnis und Interesse hoffen, wenn man von seiner privaten Krise erzählt, am besten im Rückblick, wenn sie schon vorbei ist. Kaum mehr vorstellbar, dass jemand, etwa auf einer Party, die Enge der bürgerlichen Gesellschaft für das Scheitern seiner Ehe verantwortlich macht, man wäre so was von out, outer ginge es nicht mehr. Das Alleräußerste an Kritik ist der fehlende Kindergartenplatz.

Das Private ist ganz im Privaten angekommen. Der letzte Ort der Zuflucht. Jeder ist seines Glückes Schmied. Der Soziologe Ulrich Beck spricht von der »gesellschaftlichen Utopie einer glücklichen Zweierbeziehung«. Er weiß sehr genau, was er tut, wenn er das Wort »Utopie« benutzt. Das Adjektiv »trügerisch« kann man sich heutzutage jederzeit sparen.

Man braucht es uns nicht zu sagen: Dieses private Glück wackelt gewaltig. Laut Statistik wird in der

Bundesrepublik derzeit jede dritte Ehe geschieden, und die Tendenz ist steigend. Im Jahr 2000 waren es wieder zwei Prozent mehr als 1999. In anderen europäischen Ländern sieht die Lage ähnlich aus. Der Papst versucht zu retten, was nicht mehr zu retten ist, und ruft zu immer abstruser wirkenden Aktionen auf. Jüngst appellierte er an »alle katholischen« Anwälte und Richter, sie sollten jeden Scheidungsprozess boykottieren. Gott scheint im Übrigen kein guter Eheberater zu sein. In den USA, wo der Glaube viel tiefer im Alltag verankert ist, fällt die Scheidungsrate noch höher aus, in manchen Regionen wird bereits jede zweite Ehe vorzeitig beendet. In Los Angeles liegt die Quote bei knapp 80 Prozent, vielleicht ist ja Hollywood dran schuld.

Nun kann man aus dieser Entwicklung unterschiedliche Schlüsse ziehen. Da sind zum einen die Soziologen, zumindest einige davon, die den Zerfall der klassischen Kleinfamilie als beschlossene Sache sahen und sehen, als Beweis für die Individualisierung der Gesellschaft, und sich voller Interesse und Zuversicht den veränderten Strukturen und Mustern zuwenden. Geschiedene, Wiederverheiratete, Unverheiratete, Kinder aus Scheidungsfamilien samt Folgepartnern, Kinder aus so genannten wilden Ehen, adoptierte Kinder. All das sei der Stoff, aus dem unsere Zukunft besteht. Dies nicht zu akzeptieren, sei weltfremd, ebenso der Wunsch, irgendwelche Räder zurückdrehen zu wollen. Heinz Bude schreibt in *Das Altern einer Generation*: »... zwischen Männern und Frauen in der Liebe verringerte sich im Gefolge der Kulturrevolte von 1968 das

Machtgefälle: Aus der starren Ordnung von Befehl und Gehorsam entwickelte sich ein flüssiges Spiel von Kooperation und Aushandlung. Angesichts dieser Fundamentalliberalisierung unserer alltäglichen Normalitätserwartungen muss jeder wertkonservative Aufruf einer Rückkehr zu den festen Regeln von Sitte und Anstand wie ein Kampf mit Windmühlen wirken.«

Und da sind zum anderen die Psychologen. Und die schlagen Alarm. Mannigfaltige Untersuchungen belegen, dass das Zerbrechen von Ehen dramatische Folgen hat, sowohl für die Seele der Kinder als auch für die physische Gesundheit der Geschiedenen: Sie sind kränker, sterben früher – die eheliche Trennung gilt aus medizinischer Sicht als ein ähnlich hohes Gesundheitsrisiko wie Rauchen oder Bewegungsmangel. Diese Fakten liegen auf dem Tisch, aber sie werden »eigenartigerweise« nicht zur Kenntnis genommen »oder sogar aktiv verschwiegen«, klagt der Schweizer Therapeut Jürg Willi, »wahrscheinlich weil deren Diskussion den gesellschaftlichen Bemühungen zuwiderlaufen würde, Scheidung von Diskriminierung zu befreien«.

Prof. Dr. med. Jürg Willi ist ein Großer seines Fachs, ein Spezialist in Sachen Ehe. Tausende Ehepaare haben bei dem Schweizer Psychiater und Psychotherapeuten Platz genommen, um von ihren Problemen zu erzählen. Willi hat, wenn man so will, jeden Quadratzentimeter der Institution Ehe wissenschaftlich erforscht. Beispielsweise wie heikel das Einrichten der ersten gemeinsamen Wohnung sein kann. (Erstaunlich, welche Schlüsse sich daraus ziehen lassen, wo in der Wohnung seine beziehungsweise ihre Familienfotos hängen.) Oder wie wichtig es ist, dass ein Paar, egal wie viel von draußen auf es einstürmt, ein Eigenleben behält, das nur den beiden Partnern gehört. Und er hat erkannt: Tiefe Liebesbeziehungen entstehen meistens, wenn die Partner zuvor eine längere Leidensphase hinter sich haben.

Jürg Willi stellt fest, dass viele Menschen heute nicht mehr wissen, nach was sie sich in einer Beziehung eigentlich sehnen. Das mag damit zu tun haben, dass in unser aller Köpfe zu viele Bilder herumschwirren. In der Werbung, in Filmen, in Videoclips wird beschrieben, wie Liebe und Sex und Familie am besten aussehen, wie alles am besten sein müsste. Da kann sich jeder selbst überprüfen, inwieweit diese künstlichen Bilder bereits unsere Träume bestimmen. Und wie wenig sie mit der Wirklichkeit zu tun haben. Aber: Was will ICH wirklich? »Unsere gegenwärtige Kultur«, schreibt Willi, »hat ein eher schlechtes Verhältnis zum Sehnen… Haben wir heute keine Sehnsucht mehr, oder hat die Sehnsucht ihre Sprache verloren?«

Der Schweizer Psycho-Papst hat viel geschrieben über die Kompliziertheit von Ehen. Er ist kein Konservativer, doch im Zuge der massiven Probleme, die durch die Vielzahl an Scheidungen entstehen, dreht er den Blickwinkel: weg von den Gründen des Scheiterns, hin zu den Ursachen des Gelingens. *Was hält Paare zusammen?* heißt eines seiner Bücher. Er plädiert im Prinzip für ein Festhalten an der einen Ehe – indem man, unter anderem, die Ehe öffnet für die Widersprüchlichkeiten des Lebens, dass man sich einerseits nach der einen großen Liebe sehnt, andererseits aber auch ein Bedürfnis nach Abenteuern und wechselvollen Beziehungen hat. Festhalten an der Ehe um jeden Preis? Nein, natürlich nicht, sagt Willi. »Ich habe bei unzähligen Ehen gesehen, dass es nicht mehr weitergeht, dass man sich trennen muss.« In seinem neuesten Buch *Psychologie der Liebe* schreibt er auch, es gebe sicher Menschen, die für die Ehe einfach nicht geeignet seien, aber das sei kein Misstrauensvotum gegen das Prinzip Ehe.

Klingt schwierig, ja, das wissen wir. Aber was ist die Alternative? Allein sein mit losen Bindungen? Ist es das?

Und Willi stellt sich auch gegen eine weitere These, die unter Psychologen bislang wohl nahezu unumstritten ist, dass nämlich himmelhoch jauchzendes Verliebtsein zu Beginn einer Beziehung eher schlecht für eine später gelungene Ehe sei. Jürg Willi: Dies könne, müsse aber nicht so sein. Wenn wir ehrlich sind, kannten wir diese These bis jetzt nicht: Liebe soll schlecht für die Liebe sein? Wir werden diesen Gedanken in unserer Zeitreise berücksichtigen.

Das Ehepaar Gubisch im Jahr 1976: Sie hätte gern ein bißchen mehr Freiheit

von Ursula Lebert

Die Häuserblöcke sind neun Stockwerke hoch, elf, fünfzehn Stockwerke. Steingebirge mit Liftkaminen, Balkonvorsprüngen, Garagenschluchten. Vierter Stock links in einem 18-Parteien-Haus am westlichen Rand der Trabantenstadt Neu-Perlach bei München: Hier wohnt die Familie Gubisch.

»Vorsicht, frisch gewachst«, mahnt ein Schild über den kalten Steinfliesen des Treppenhauses. 18 Briefkästen in glatter Zeile. Die Hausordnung, gerahmt. »Kindern ist die Benutzung des Personenaufzugs ohne Begleitung Erwachsener verboten.«

Hanni Gubisch, klein, mollig, kupferhaarig, führt mich durch ihre Wohnung. 80 Quadratmeter, bunt möbliert. Couchgarnitur und Fernseher, Eßecke, Schlafzimmer, zwei kleine Kinderzimmer. Im Bad läuft die Waschmaschine auf Schleudertouren.

»Ich bin keine tolle Hausfrau«, sagt sie heiter. »Mein Mann hätte es gern, wenn ich ordentlicher wäre. So wie er. Er ist so genau, so gewissenhaft in allem. Und bei mir liegt immer was rum. Ich finde das aber gar nicht so wichtig.«

Über einem Stuhl im Wohnzimmer hängt eine Hausjacke. Man könnte sie in den Schrank hängen morgens, meint Hanni. Aber abends zieht er sie ja wieder an. »Und den ganzen Tag ist doch keiner da, außer mir.«

Die Kinder: Wenn wir uns über die Balkonbrüstung beugen, können wir sie unten spielen sehen. Heike, sechs, und Ralf, viereinhalb – fröhlich hüpfende Blondschöpfe. An Spielkameraden fehlt es hier nicht. Heike hat kürzlich zu ihrem Geburtstag neunzehn Kinder von der Straße mit heraufgebracht. Also, wegschicken konnte ich die ja auch nicht, sagt Frau Gubisch.

Ihr Tagesablauf? Die Hausarbeit hält sich in Grenzen. Richtig warm gegessen wird nur am Abend um sieben Uhr, wenn der Mann da ist. Das ist er gewöhnt, warme Küche. Mittags macht sie für sich und die Kinder etwas, was billig ist und schnell geht.

Hanni ist 28, Joseph Gubisch ist 30 Jahre alt. Sie sind seit sieben Jahren verheiratet.

Ich stelle ihr die Frage Nummer 618 einer Repräsentativerhebung, mit der Familienforscher jüngst die Stimmung bundesdeutscher Mütter testeten: »Wenn Sie zurückdenken, was Sie sich vor Ihrer Ehe einmal erhofft haben, wie würden Sie dann Ihre heutige Situation beurteilen?«

Nach einigem Besinnen entscheidet sich Hanni für die Antwort »teils glücklich, teils unglücklich« – wie jede fünfte im Ergebnis der Umfrage. Jede zweite bezeichnete sich als glücklich.

»Glücklich«, sagt sie zögernd, »also glücklich bin ich nicht. Ich möcht' schon gern anders leben, als ich leb'.«

Joseph Gubisch wirkt jung mit seinem Schnurrbärtchen, freundlich, ein bißchen nüchtern. So ordentlich, wie ihn seine Frau geschildert hat, ist er wirklich: In einem Leitzordner bewahrt er sämtliche Unterlagen über Einnahmen und Ausgaben im Familienhaushalt, sorgfältig abgeheftet, auf.

Das ist sein Lohnzettel: monatlicher Bruttoverdienst als Bauzeichner bei einer Behörde 1797,83 Mark. Eine Aufstellung der Abzüge: Lohnsteuer, Kirchensteuer, Zusatzversorgung, Krankenversicherung, Rentenversicherung, Arbeitslosenversicherung, zusammen rund 600 Mark. An weiteren Minusposten sind aufgeführt: Miete für die Wohnung (Sozialmiete) 459 Mark, Platz in der Tiefgarage 35 Mark, Unterhaltungskosten für das Auto (Kleinwagen) monatlich etwa 80 Mark.

Als Zusatzeinnahmen stehen zu Buch: 124 Mark Mietzuschuß vom Staat, 120 Mark Kindergeld. Fazit: Zum Verbrauch stehen der vierköpfigen Familie 850 Mark zur Verfügung.

Joseph Gubisch schlägt seinen Leitzordner wieder zu: Viel ist's nicht. Die Situation ist für ihn, den Bauzeichner, zur Zeit außerdem nicht günstig. In den letzten beiden Jahren war er zweimal vier Monate arbeitslos, bezog eine wöchentliche Arbeitslosenunterstützung von 234,60 Mark. »Wenn ich die wirtschaftliche Lage und überhaupt alles bedenke, die Wohnungsgröße und so weiter«, sagt er, »würde ich heute wohl kein zweites Kind anschaffen.«

Statistisch gesehen liegt Joseph Gubisch im breiten Mittelfeld der Verdiener. Nach neuesten Ermittlungen haben 42 Prozent aller berufstätigen Männer in der Bundesrepublik ein monatliches Nettoeinkommen von 1000 Mark bis unter 1500 Mark. 16 Prozent liegen darunter. 24 Prozent verdienen zwischen 1500 Mark und 2000 Mark, 18 Prozent 2000 Mark und mehr. Die Gubischs müssen sparen. Um den Benzinverbrauch niedrig zu halten, läßt Joseph Gubisch das Auto in der Garage und geht die 20 Minuten bis zu seiner Dienststelle zu Fuß. Hanni führt kein Haushaltsbuch (das tun heute übrigens nur noch 16 Prozent aller Hausfrauen). Sie hat auch kein festes Haushaltsgeld. »Ich hole 200 Mark von der Bank, die reichen etwa zehn Tage, dann hol' ich wieder 200 Mark.« Und: »Aber einmal im Monat gehen wir zum Essen aus. Das machen wir schon, gell, Seppi?«

Schulden haben sie nicht.

Die Familie Gubisch bekommt selten Besuch und besucht auch selten jemand. Josephs Eltern und Geschwister wohnen im Bayerischen Wald, die Zusammentreffen sind rar. Hannis Mutter und ihr Stiefvater leben nicht weit von Perlach entfernt. Manchmal fährt sie mit dem Rad zu ihnen.

Gelegentlich kommt ihr jüngster Bruder, um auf einem der schönen Hartplätze auf dem Perlacher Freizeitgelände mit seinem Schwager Fußball zu spielen.

Liegt es an den beengten finanziellen Verhältnissen, daß die junge Familie so sehr für sich bleibt? Vielleicht. Hanni sieht noch einen anderen Grund in der Art, wie ihr Mann in seinem Elternhaus erzogen wurde: »Sehr streng, kontaktarm.« Sie leidet manchmal unter der Isolierung, der Eintönigkeit ihres Lebens. Besonders in der Zeit, in der er arbeitslos und immer zu Hause war, vermißte sie »den Kontakt mit Freunden, vor allem auch für ihn«.

In einer anderen Familie, die ich in Neu-Perlach kennenlerne, sind die Umweltkontakte eher noch dürftiger. Esther Giehl, 43: »Wir wohnen seit anderthalb Jahren hier. Wir wissen nicht einmal, wer unsere Nachbarn nebenan sind. Die arbeiten, glaube ich, beide, sind den ganzen Tag weg, man sieht sich nie.« In den Wohnungsgeschossen über dem Tengelmann-Einkaufszentrum leben zwölf Familien hinter gelbgestrichenen Türen. »Wir grüßen eben die, denen wir im Treppenhaus begegnen. Sonstigen Umgang haben wir nicht.« Kurt Giehl, Pförtner in einem Industriebetrieb, 45: »Ist auch besser so. Kontakt im Haus artet meistens aus.« Seine Frau sagt: »Am Anfang, wie wir hergezogen sind, bin ich oft auf den Balkon hinausgegangen, habe die anderen Häuser angeguckt und geweint. Man ist so verlassen.« Allein ist sie mit diesem Gefühl nicht: Bei einer Befragung in der Mannheimer Trabantenstadt Vogelstang (20 000 Einwohner) bezeichneten sich 26 Prozent der Frauen als einsam.

Hanni Gubisch geht zum Frauentreffpunkt, regelmäßig, fast jeden Tag. Sie hat dort Anschluß gefunden an andere junge Frauen. Morgens, wenn die Kinder im Kindergarten sind, radelt sie nach dem Einkaufen schnell hin, auf eine Tasse Kaffee, ein paar Worte: In einem Laden haben sich junge Frauen hinter den Schaufensterscheiben eine Kaffeestube eingerichtet und eine Verkaufsstelle für gebrauchte, gut erhaltene Kleider, Schuhe, Spiele. »Das ist ideal«, sagt sie. »Die Tasse Kaffee kostet 40 Pfennig. Man sieht immer wen, kann sich unterhalten, kommt auf andere Gedanken.« Sie bringt zu klein gewordene Kindersachen hin und nimmt größere mit, sie verkauft einen zu engen Rock für zwei Mark und kauft fürs selbe Geld einen passenden.

Gelegentlich erledigt sie Schreibarbeiten für den Frauentreffpunkt, hilft mit bei der Organisation von Verkaufsaktionen, nützt medizinische und psychologische Beratungen. Ich habe das Gefühl, daß sich da für sie eine Tür geöffnet hat, die aus ihrer Alltagswelt hinausführt. Auch aus der Welt ihrer Ehe?

»Ich seh' in letzter Zeit nicht mehr so viel fern«, sagt sie. »Ich lese lieber.« Und: »Unsere Kinder sind in einem Kindergarten mit Vorschule. Das kostet 80 Mark im Monat. Aber sie bekommen ganz andere Anregungen, werden ganz anders gefördert, als wenn sie immer nur zu Hause spielen. Ihre Startchancen in der Schule sind dann besser. Bei mir als Kind hat sich darum niemand gekümmert...« Für den Kindergarten ist ihr Mann auch. Die Veranstaltungen des Frauentreffpunkts beobachtet er mit Mißtrauen. »Einmal im Monat gehen wir Frauen abends miteinander weg. Ich sag' zu meinem Mann, komm, ich zeig' dir, wo wir hingehen. Das will er auch nicht. Aber er ist sauer. Er sagt nichts, aber ich merk das doch am nächsten Tag. Ich finde, da sollte man sich schon mehr Freiheit lassen.« Sie sagt: »Wissen Sie was? Wir gehen in ein Lokal, wo nur Frauen verkehren – weil man da nicht belästigt wird, deswegen. Wir wollen ja keine Männerbekanntschaften aufreißen. Wir trinken ein Glas Wein und tanzen miteinander, dort kann man das. Mir tut das echt gut, so richtig tanzen. Ich tanz doch so gern.« Ein paar Mark gibt man aus, betont sie, also, es ist wirklich nichts dabei. Ich glaube trotzdem, daß sie ein schlechtes Gewissen hat, immer wieder. Nicht wegen des Lesbierinnenlokals, sie ist nicht lesbisch, sie fühlt sich einfach nur sicherer unter Frauen. Nein, das schlechte Gewissen ist wohl, weil sie ein paar Stunden lang, bloß einen Abend lang, ihre »eigenen Wege« geht.

Platz für persönliche Freiheit wird in der normalen deutschen Kleinfamilie nicht sehr verschwenderisch bemessen. Zwar gehen 14 Prozent der Männer an den Wochenenden auf den Sportplatz oder zu Sportveranstaltungen, allein, und 25 Prozent der Frauen beschäftigen sich mit Lesen, allein – aber im übrigen liegt die Betonung auf der Gemeinsamkeit. »Familienzentrierte« Unternehmungen überwiegen: gemeinsames Fernsehen (99 Prozent), gemeinsame Spiele (53 Prozent), gemeinsame Spaziergänge (80 Prozent). Die Zahlen stammen aus dem zweiten Familienbericht der Bundesregierung und können noch durch das Ergebnis einer Emnid-Umfrage ergänzt werden: Während einer Testwoche waren 57 Prozent der Bundesbürger jeden Abend zu Hause. Sieben Abende. Das Nest, so scheint es mir, ist warm und eng.

Die Glucke im Nest: die Mutter. Bereit zu leiden, bereit zu hüten, zu opfern wie eh und je? Sie ist »in außerordentlichem Maße auf die Beschäftigung mit den Kindern spezialisiert«, bestätigt der Familienforscher Friedhelm Neidhardt. Wie etwa Esther Giehl? Sie sitzt am Tisch mit ihrer Familie, drei Kindern, dem Mann, sie sagt: »Ich häng' sehr an meinen Kindern. Die kommen zuerst, dann kommt lang, lang nix, dann kommt mein Mann. Das weiß er auch. Manchmal ist's ja auch umgekehrt. Da sagt eine Frau, daß zuerst der Mann kommt. Bei mir ist das eben nicht so.«

Am Sonntag ist der Himmel blau. Ich gehe mit der Familie Gubisch spazieren. Die Kinder sind hübsch angezogen, der Vater trägt ein neues Hemd, Hannis Haare glänzen rot in der Sonne.

Ich muß daran denken, was sie gesagt hat: »Ich möcht' schon anders leben, als ich leb'.«

Wie denn? Ohne Familie?

Sie schüttelt den Kopf. »Nein, allein nicht. Allein könnt' ich nicht sein.«

Manchmal hat sie sich schon mit ihrem Mann darüber unterhalten – wie man diese Art zu leben vielleicht ändern könnte. Großfamilie, Wohngemeinschaft: Stichwörter, die fielen.

Eine ihrer Bekannten vom Frauentreffpunkt hat das Ehepaar mal für ein paar Tage nach Österreich eingeladen, in ein Ferienhaus, das mehrere Familien zusammen gemietet hatten. Joseph Gubisch berichtet über die Erfahrung: »Es geht da halt alles so durcheinander … Ich habe zum Beispiel Schinken gekauft und in den Eisschrank gelegt. Am nächsten Morgen war er einfach weg. Also, das hat mir nicht gepaßt.« Hanni: »Was man mir so erzählt hat – in solchen Wohngemeinschaften ist ein dauernder Wechsel. Wie soll ein Kind, das da aufwächst, eine Zweierbeziehung lernen? Oder lernen, daß man eben in einer Familie beisammen bleibt, auch wenn's mal nicht so läuft?«

Sie legt ihren linken Zeigefinger auf die Oberlippe beim Nachdenken und beim Reden. »Es ist so, die Leute, die ich kenne, die in so Gruppen wohnen, die führen sehr offene Ehen … So eine Ehe führe ich nicht.«

Joseph und Sohn Ralf biegen ab zum Fußballplatz. Sie sieht ihnen nach: »Mein Mann gibt sich so viel Mühe mit den Kinder … und die Kinder brauchen das doch. Sie brauchen feste Bezugspersonen. Schauen Sie, ich suche eine Halbtagsarbeit, ich bin Industriekaufmann, ich würde auch als Stenotypistin arbeiten. Das Geld würde uns guttun. Aber hier draußen gibt's nur Ganztagsjobs oder gar keine. Und das will ich nicht. Ich will meine Kinder nicht in den Hort tun. Ich war selber im Hort. Früher haben die armen Leute ihre Kinder in den Hort getan … heute ist das ja anders. Aber ich erinner' mich: Ich hatte ein so böses Fräulein, das mich nicht mochte, das mich so rumstieß. Immer hab' ich die Kinder beneidet, die heimgehen konnten.«

Sie zuckt die Achseln, es wird also wohl alles so bleiben, wie's ist.

»Wenn wir die traditionelle Familie im Prinzip ablehnen, praktisch aber dennoch leben, und zwar auch in der jungen Generation – dann heißt das bloß, daß wir noch nichts gefunden haben, was an ihre Stelle zu setzen wäre«, sagt der französische Ehepsychologe Jean-G. Lemaire.

Ein kluges Wort.

Das Ehepaar Gubisch im Jahr 2002: Der geglückte zweite Versuch

von Stephan Lebert

Eine Straße in einem Münchner Außenbezirk. Eine junge Siedlung, überall frisch angepflanzte, kleine Bäume, denen Stangen zur Seite gestellt wurden, mit einem Stück Schnur verbunden, zur Sicherheit. Sieht ein bisschen so aus, als würden Mütter mit ihren Kindern an der Hand dastehen. Die Häuser sind klein und weiß, und da die Zäune noch nicht zugewachsen sind, entsteht ein insgesamt durchsichtiger Eindruck. Könnte auch ein Vorort von Los Angeles sein. Jedenfalls ein ziemlicher Kontrast zu der Trabantenstadt Neu-Perlach von damals.

Frau Gubisch war sehr freundlich am Telefon. Klar erinnere sie sich, ja, sehr gerne rede sie mit mir, kommen Sie vorbei, wann passt es? Also, Mittwoch, 15 Uhr. Und sie fing sofort an zu erzählen, fast atemlos, »wissen Sie, unser Leben …«.

Ich bin ein bisschen zu früh dran, gehe durch die Straßen und stelle mir eine Frage, von der ich weiß, dass sie dämlich ist, stelle sie mir aber trotzdem: Kann man Häusern von außen ansehen, ob die Menschen drinnen glücklich sind oder eher das Gegenteil? Die Hollywoodschaukel im Garten, der Grill, die Geranien auf dem Balkon, die Glasbausteine im Treppenhaus. Ich muss zugeben, dass ich eher zum Unglück hinter der Fassade tendiere. Das mag damit zu tun haben, dass ich schlechte Erfahrungen mit Wohnstraßen gemacht habe. Zweimal habe ich länger in einer gewohnt, und von außen sah alles hübsch aus, das eine Mal waren die Häuser etwas nobler, das zweite Mal deutlich kleinbürgerlicher. Im ersten Fall kam nach und nach heraus, dass sich der Nachbarssohn links sowie, zwei Jahre später, der Nachbarssohn rechts das Leben genommen hatten. Im zweiten Fall wohnten wir in der anderen Straße gerade mal ein paar Wochen, als sich der Familienvater drei Häuser weiter vorne erhängte. All diesen Geschichten war eines gemeinsam: Man sollte nicht darüber reden, alle hüllten sich in Schweigen. Dann erfuhren wir, dass in unserem frisch erworbenen Haus zuvor ein Bankbetrüger residiert hatte. Bankbetrug – ob so was gut ist für das Familienleben?

Der Blick auf das Außen also leicht pessimistisch. Merkwürdigerweise ändert sich das, wenn man nachts von oben blickt. Das geht mir jedes Mal so: Wenn ich im Flugzeug nachts lande und all die Lichter sehe, entsteht in mir ein gutes, versöhnliches Gefühl mit der Welt. Was so ein paar blitzende Lämpchen ausmachen. In der legendären Fernsehserie *Münchner Gschichten* von Helmut Dietl gibt es eine Szene, da sitzt der

Tscharlie mit einem Freund auf dem Olympiaberg, guckt auf die Lichter der Stadt München und sagt: »Schau, überall die Lichter, und hinter jedem sitzt eine Frau, die auf uns wartet.«

Nach dem Erscheinen des *Brigitte*-Artikels damals im Jahr 1972 hat Hanni Gubisch bei meiner Mutter angerufen: Sie wolle nur sagen, stimmt alles, was da steht, und das viel zu sehr; sie habe erst durch den Artikel so richtig begriffen, was für ein trauriges, enges Leben sie führe, sie, ihr Mann, »wir alle«.

Heute, jetzt, sitzt sie in ihrer Wohnstube, in der Sitzecke. Trägt ein kariertes blaues Hemd, Jeans, sie ist ein bisschen molliger geworden seit damals. Ist ja auch lange her. Der eine Nasenflügel ist ein wenig vernarbt. »Da war ich im Krankenhaus«, sagt sie, »eine kleine Operation, ich hatte da was.« Die Frage, ob sie immer noch zusammen sind, sie und ihr Mann, kann sie so nicht beantworten. Und es stimmt: Die Geschichte des Ehepaars Gubisch lässt sich mit dieser Frage nicht fassen.

Rückblick. Wie war das Gefühl, anfangs, als sie ihren Joseph, ihren späteren Mann, schon ein paar Wochen kannte? Hatte dieses Gefühl für das spätere Leben eine Bedeutung, hat sich das irgendwie gehalten? Frau Gubisch sagt, sie sei in ihren Mann nicht verliebt gewesen, nein, »das muss ich so deutlich sagen«. Aber eines habe sie sofort gewusst, sagt sie, dieser Mann ist ein guter Mann, »und dieser Mann wird ein guter Vater sein«. Das war das Gefühl, »und damit hatte ich Recht, der Seppi ist ein toller Vater. Bei unserer Scheidung waren die Kinder auf seiner Seite, nicht auf meiner. Ja, das war so.« Das sagt sie ein paar Mal an diesem Nachmittag – »das war so« oder »das ist so« –, und es klingt entwaffnend, bis zur Schmerzgrenze ehrlich, denn sie sagt etwas, beschreibt etwas, was ihr eigentlich wehtun muss.

Noch ein Rückblick, noch weiter zurück. Sie ist als uneheliches Kind auf die Welt gekommen, ihre Mutter war gerade mal 16. Sie sagt, ihre Kindheit sei unglücklich gewesen. Zu ihrer Mutter, die nur ein paar Straßen entfernt wohnt, hat sie heute noch ein schwieriges Verhältnis. Als Hanni Gubisch ein zweites Mal heiratete, blieb die Mutter der Hochzeit fern. Hanni Gubisch erzählt von ihrem Vater, der ihr lange fremd war, den sie erst mit 17 oder 18 kennen lernte. Leon Miller heißt er, ist ein Jude, der sich während des Krieges vor den Nazis verstecken musste, jahrelang, hinter irgendwelchen Klostermauern. Sie sagt, ihr Vater sei nett, das könne man überhaupt nicht anders sagen, aber sehr herzlich sei das Verhältnis nicht, nein. Wenn sie ihn zum Beispiel bittet, er solle von früher, von diesen Kriegszeiten, erzählen, dann schweigt er. Leon Miller möchte sich nicht erinnern.

Hanni Gubisch nennt ihre Herkunft, ihre Geschichte »ihren Stall«. Und sie sagt: »Für den Stall, aus dem ich komme, habe ich was gemacht aus meinem Leben. Da hätte ich mehr gar nicht schaffen können.«

Das ist der eine Pfeiler des Gerüsts ihres Lebens, die Biographie ihrer ärmlichen Kindheit. Ein anderer Pfeiler ist ihr Mann, der Joseph Gubisch, genannt Seppi.

Brav, ordnungsliebend, fleißig, wahnsinnig fleißig. Sie sagt, wenn er sich etwas vornimmt, dann macht er es auch. Sie sagt, er habe kein Verständnis für ihre Depressionen, die seit Jahren manchmal so schwer sind, dass sie morgens nicht einmal in der Lage ist, den Haushalt zu erledigen. Sein Rezept dagegen wäre: arbeiten, arbeiten, fleißig sein, dann kommt man auf keine »dummen Gedanken«. Sie sagt dies nicht vorwurfsvoll. So ist er, er kommt aus Niederbayern, einfache, harte Verhältnisse, sein Vater, sehr alt inzwischen, ist heute noch sehr bestimmend. Will sagen: Auch der Sepp hat seine Herkunft.

Kennen gelernt haben sie sich 1968 beim Tanzen, in der »Rumpelkammer«, einem Lokal im damaligen Münchner In-Viertel Schwabing. »Das waren lockere Zeiten damals, oder?« »Ja«, sagt Hanni Gubisch, sie wohnte in einem Mädchenheim, und da waren Mädchen, die sind für eine Pizza mit dem italienischen Kellner ins Bett gegangen. So was hätte sie nie gemacht, »ich hatte viel zu viel Angst davor, schwanger zu werden«. Nein, sie sei gar nicht locker gewesen auf diesem Gebiet, aber man müsse auch sagen, »so viele Chancen hatte ich auch nicht bei den Männern«. Sie steht auf und holt ein altes Foto von sich. Hübsch sieht sie da aus. Besonders romantisch veranlagt war ihr Mann nie. Und sie? »Schon eher«, sagt sie und fügt hinzu: »Ich wäre gern romantisch. Ich finde das schon schön.« Ihre erste Hochzeit war nicht schön, sagt sie, weißes Brautkleid, vormittags im Standesamt, Kirche, dann Mittagessen, kleiner Kreis, sehr nüchtern das alles. Die zweite Hochzeit war schöner. Da waren sogar zwei Drehorgelspieler da, zwei, weil sie nicht sicher wusste, ob der eine auch ganz bestimmt kommt. Es war im selben Standesamt.

Das Telefon läutet. Der Seppi ist dran. Er komme später. Er fragt, ob der Journalist schon da ist. »Bis später«, sagt sie. Joseph Gubisch hat sich nicht allzu sehr verändert in den Jahren. Ein paar Pfund mehr vielleicht, die Haare sind noch etwas spärlicher geworden. Ich weiß, wie er aussieht, weil ich ihn neulich zufällig in einer Talkshow gesehen habe, bei »Fliege«, das Thema war »Scheiden tut weh«. Da saß das Ehepaar Gubisch, und das aus einem einfachen Grund: Sie haben sich scheiden lassen und ein paar Jahre später wieder geheiratet. 11 000 Mark hat die Trennung gekostet. »Wahnsinn«, sagt Hanni Gubisch, »wenn man das heute bedenkt.« Klar, mit einer solch wechselvollen Geschichte kommt man ins Fernsehen.

Im Jahr 1991 ist er ausgezogen. Statt Silberner Hochzeit gab es Scheidung. Eigentlich war es überraschend. »Eigentlich auch nicht, denn in unseren Streitereien habe ich immer zu ihm gesagt: ›Dann zieh doch aus, das wäre das Beste.‹« Typisch für Joseph Gubisch: Er wartete, bis die Kinder aus dem Haus waren, bis Tochter und Sohn in ihren eigenen Wohnungen lebten. Über alles haben sie sich gestritten, vor allem, wenn Zeit dazu war, an Wochenenden, Weihnachten, Ostern. »Ich war schuld«, sagt sie, »das ist so.« Worüber sie gestritten haben? Meistens über die Kinder. »Weiß gar nicht mehr so genau.« Sie sei böse zu ihm gewesen,

»ich bin heute noch manchmal böse«. Vielleicht aus Unzufriedenheit, »irgendwas ist da in mir drin«.

Wie nennt man das, einen Virus vielleicht? Oder Lebendigkeit? Es gehört möglicherweise auch zu den Pfeilern ihres Gerüstes, dass sie auch immer ein wenig mehr vom Leben wollte, als sie gerade hatte. Auch jetzt, an diesem frühlingshaften Februartag des Jahres 2002, antwortet sie auf die Frage Nummer 618 der Familienforscher wie damals in der *Brigitte*, sie sei »teils glücklich, teils unglücklich«. Die identische Antwort wie vor 30 Jahren, »ich kann es nicht anders sagen«.

Sie hat sich für ihr Leben immer auch ein wenig Glamour erhofft. Tanzen, Essen gehen, mal sich was leisten, vielleicht eine schöne Reise. Das ging mit ihrem Mann nicht, er sagte, ach, lass uns lieber sparen, für die Kinder. Einmal, vor zwei Jahren etwa, haben sie eine Reise in einem Preisausschreiben gewonnen, ein paar Tage Nizza im »Negresco«, dem ganz berühmten Hotel, sagt sie. Wunderschön war es, und einmal haben sie sogar im Bett gefrühstückt. »Ich hab zu meinem Mann gesagt, das machen wir jetzt, einmal will ich das machen.«

Ob sie noch Kontakt hat zu den Frauen aus der damaligen Frauengruppe? Nein, gar nicht mehr. Das hätte sich zerschlagen, weil die meisten weggezogen sind, ja, und alle Ehen dieser Frauen, die sich da immer regelmäßig getroffen haben, sind inzwischen geschieden. »Haben die zu viel von ihrem Leben erwartet?« »Ich weiß es nicht.« Das mit dem Glücklichsein ist nicht so einfach, sagt sie. Sie hat eine Bekannte, die sieht gut aus, hat einen reichen Mann geheiratet, hat Kinder, die studiert haben. Aber jetzt? Die Kinder leben woanders. »Die ist, glaube ich, einsam. Also so richtig glücklich ist die auch nicht. Trotz der Umstände, die wirklich toll sind.«

Nach ihrer Scheidung hatte Hanni Gubisch zwei kurze Beziehungen. Der eine war ein Polizist, ein bisschen ein Sonderling, Marke Einzelgänger. Der andere war geschieden, hatte zwei Kinder. »Der redete nicht gut über die Kinder, da wusste ich, der taugt nichts. Denn eine Frau kann böse sein, aber Kinder, nein.« Außerdem war er ein Spieler. Beide Männer haben zu viel Alkohol getrunken. Ihr Fazit der zwei Affären: »Da hätte ich mich ja verschlechtert, und das wollte ich wirklich nicht.«

Wie sie wieder zusammenkamen? Das ging langsam, allmählich. Sie wurden Großeltern, die Tochter bekam eine Tochter, die kleine Tanja. Mit dem Enkelkind unternahmen die beiden viel gemeinsam, sie verreisten auch, eine Woche Mallorca, Oma, Opa, Enkelin. »Nur in dieser unmittelbaren Scheidungszeit habe ich nicht mit ihm geredet, sonst haben wir uns eigentlich ganz gut verstanden, bei Familienfesten oder so.« Es war nicht spektakulär, wie sie sich wieder fanden, eher so: Sie sind einfach wieder zusammengewachsen. »Mein Mann hat mal gesagt, das weiß ich noch, wenn ich noch mal heirate, dann dich.« Hat man gemerkt, was man aneinander hat? Ja, sagt sie, zögert dann, als würde es das nicht ganz treffen. Vielleicht stimmt dieses Bild besser: Zwei Magneten, die man weit auseinander platziert hat, bewegen sich fast zwangsläufig wieder aufeinander zu.

Joseph Gubisch steht jeden Morgen um halb drei Uhr auf, fährt mit dem Fahrrad im Viertel ein paar hundert Tageszeitungen aus. Wenn er fertig ist, geht er zur Arbeit. Bauzeichner bei einer Behörde, wie damals. Auch die Tochter arbeitet dort. Der Sohn ist bei einer Krankenkasse angestellt. Ihm gefällt es da. Hanni Gubisch sagt, sie hätte es gerne gesehen, wenn ihr Sohn studiert hätte. Anfangs war er in der Schule auch ganz gut, später dann nicht mehr. Der Seppi, sagt sie, war gleich dagegen, dass er das Abitur macht, »für einen aus unserer Klasse, hat er gesagt, gehört sich das nicht«.

Das Geld, das er als Bauzeichner verdient, geht fast vollständig für die Kredite drauf, denn die Familie Gubisch besitzt inzwischen zwei Wohnungen, die alte in Neu-Perlach und die neue hier in Trudering, mit einem Garten. Sie bekommt eine kleine Frührente, wegen ihrer Depressionen kann sie nicht mehr voll arbeiten, jobbt aber gelegentlich. Hinzu kommt sein Geld vom Zeitungsaustragen. Das reicht gut zum Leben, sagt sie. »Die Wohnungen waren immer ein Traum von meinem Mann, damit später jedes Kind eine Wohnung bekommt. Er hat sich diesen Traum erfüllt. Er sagt immer, später, wenn er in Pension ist, dann verreisen wir öfters.«

Ich sitze am Tisch, trinke Kaffee und muss an einen Mann denken, der mir vor Jahren auf einer Krebsstation begegnet ist. Er war so Mitte 50, er hatte Lungenkrebs im Endstadium, und die Ärzte hatten ihm gesagt, er werde nur mehr eine kurze Zeit zu leben haben. Wenn er nicht in seinem Bett lag, saß er am Tisch, die Atmungsschläuche in der Nase, und hielt sich die Hände vors Gesicht. Und immer und immer wieder klagte er: »Hätte ich nur, hätte ich nur… ich hatte mir doch so viel vorgenommen für meine Rentenzeit.«

Ich muss oft an diesen Mann denken. Wenn das Bankkonto überzogen ist, der Stress mit Freund oder Freundin übermächtig wird – wie ich wohl darüber denke, wenn ich später mal Bilanz ziehe? Ist das Bankkonto dann nicht völlig egal, und muss ich den Beziehungsstress jetzt nicht sofort beenden, um wieder offen für etwas Neues zu sein, damit ich mir später nicht vorwerfe, ein langweiliges Leben gelebt zu haben? Ich kann mir nicht vorstellen, ähnlich wie Herr Gubisch jahrzehntelang einen Lebensplan zu verfolgen. Aber vielleicht liegt das am falschen Blick, mit dem man etwas betrachtet. Bei französischen Filmen, etwa wenn Philippe Noiret mitspielt, oder bei Komödien mit *Don Camillo und Peppone* sieht man gerne Menschen zu, deren Leben trotz vieler Ereignisse im Grunde eher gleichförmig verläuft. Und man braucht nicht das Kino als Kronzeugen, um zu verstehen, dass Ruhe, Geduld, Routine, Rituale, Langeweile durchaus etwas Lustvolles haben und Hektik und Getriebenheit manchmal genau das Gegenteil bedeuten.

Es ist eine der Fragen, mit denen sich die Zeitreisen in diesem Buch befassen: Hat sich da was verändert im Umgang mit der Zeit, findet die Beschleunigung des Lebens, sagen wir mal, draußen in der Gesellschaft ihren Widerhall, in den Gemäuern der deutschen Familie?

Hanni Gubisch sagt, »seine Entschlossenheit« habe ihr schon imponiert, dass ihr Mann damals wirklich gegangen ist. Sie sagt, für sie und ihren Mann seien die Kinder das Wichtigste gewesen. Es sei schön, dass die Kinder heute auch in derselben Stadt leben, nicht weit weg. Und wer weiß, fragt sie, ob sie ohne die Geburt des Enkelkindes noch mal zusammengekommen wären. Sohn Ralf hat eine Freundin und wohnt in ihrer alten Wohnung, »zur Zeit schläft er aber auch öfters hier, weil es für ihn bequemer ist«. Das ist ein bisschen stressig, weil sie und ihr Mann eigentlich getrennte Schlafzimmer haben, »der Seppi schnarcht«, aber wenn der Ralf da ist, gehe das nicht, »na ja«.

Tochter Heike hat einen LKW-Fahrer geheiratet, nett ist er, brav und zuverlässig, »vom Aussehen so der Typ Ottfried Fischer«, sagt Hanni Gubisch. Sie findet, es gibt charakterlich Parallelen zwischen ihrem Mann und dem Schwiegersohn. »Die Heike hat sehr gut überlegt, wen sie da nimmt. Die wollte einen guten Vater für ihr Kind.« Tochter – Mutter. »Da wiederholt sich was«, sagt sie.

Und sonst? Sie hatten nach dem Tod ihres Hundes immer Katzen, auch jetzt schaut uns ein dicker Kater aufmerksam zu. Eine Katze, sagt sie, ihr besonderer Liebling, ist am 17. Dezember 2000 gestorben, den Tag weiß sie noch ganz genau, die liegt gleich draußen im Garten begraben. Ansonsten sei es angenehm, mehr Platz zu haben in der neuen Wohnung, »besonders der

Garten, mein Mann wollte den immer«. Von der Einrichtung habe sich nicht viel geändert, manches ist da, »was noch ihre Mutter gesehen hat«. Lebt man glücklicher in einem Garten als in der Betonstadt Neu-Perlach? Vielleicht, sagt sie, obwohl, »wir haben uns da auch wohl gefühlt«.

»Was ist noch wichtig in Ihrem Leben, Frau Gubisch?« »Mein Auto«, sagt sie, »mein kleines Auto draußen, das gehört mir. Für mich ist das wie für andere Leute ein Ferrari. Ein Stück Freiheit. Manchmal wache ich morgens sehr früh auf, so gegen fünf Uhr, fahre in die Stadt zum Viktualienmarkt, wenn die ihre Stände aufbauen. Ich lauf dann da rum, ganz für mich, und bin, ja, wirklich, glücklich.«

Politik? Nein. Früher sei sie eher links gewesen, heute mehr konservativ. »Wirklich wahr, je älter ich werde. Dass Leute so viel Arbeitslosengeld kriegen, obwohl sie gar nichts tun, das regt mich auf.« Den Stoiber mag sie jedenfalls lieber als den Schröder, »auch, weil der schon so viele Ehefrauen hatte«.

Sex, Zärtlichkeit? Ist das wichtig? Ja, sehr wichtig, sagt Hanni Gubisch, »aber es kommt zu kurz. Warum, weiß ich nicht. Aber es ist so. Beides kommt zu kurz. Für meinen Mann vielleicht noch mehr.«

Eines sagt sie noch, fast am Ende unseres Gesprächs. Sie sei in ihren Mann nie verliebt gewesen, aber jetzt könne sie sagen, »ich liebe meinen Mann, das ist so«. Sie lächelt dabei nicht, sie wirkt nicht stolz. Sie sagt es mit einem Gesichtsausdruck, der signalisiert: Das ist nicht mein Verdienst, es kam einfach so.

Das Ehepaar Eink im Jahr 1972: Rosi wünscht sich viele weiße Wolkenstores

von Ursula Lebert

»Alle«, sagt die Schwiegermutter, »haben zu mir gesagt, nimm bloß die Jungen nicht ins Haus, das geht nicht gut, da wächst nur Verdruß draus. So ein Quatsch. Wenn man will, geht das sehr gut, nicht, Rosi?«

Rosi, die junge Schwiegertochter, nickt. Wir sitzen im Wohnzimmer. Sie hat die Hände über ihren roten Umstandsrock gefaltet. In 14 Tagen erwartet sie ein Baby, Sascha oder Bianca soll es heißen, die Namen stehen schon seit Monaten fest.

»Das ist ja wirklich ein Glück für die beiden«, fährt die Schwiegermutter fort, »daß sie bei uns das Zimmer haben. So können sie in Ruhe sparen, es hetzt sie ja keiner. Ich sage immer, ihr zieht erst aus, wenn ihr ganz komplett seid, alles bar bezahlt, die ganze Einrichtung. Keine Raten. Das kenn ich nämlich, wenn man mal Raten aufm Hals hat, da erholt man sich nie von. Nee. Sie sollen das leichter haben am Anfang als ich.«

Recklinghausen, Gustavstraße 4a: Das Reihenhaus, in

dem die Familie Eink – Vater, Mutter, Sohn Alfred mit Frau Rosi, Sohn Manfred und die schulpflichtige Tochter Gabriele – so einträchtig wohnt, sieht von außen düster aus.

Schwarzverrußtes Mauerwerk, hohe kahle Fenster, in denen sich der graue Himmel spiegelt. Eine Wellblechgarage ist an die Ecke geklebt, unter dem Aufgang zur Haustür liegt der Kohlenkeller. Sämtliche Häuser dieser Siedlung sind gleich. Man hat sie vor 100 Jahren zusammen mit der Zeche Recklinghausen II gebaut und nie etwas daran geändert. Es gibt keine Bäder darin und keinen Komfort, außer genügend Platz: vier große Zimmer, Küche und WC. Eigentümer und Vermieter ist die Zeche, deren Förderturm wie ein schwarzer Riese am Ende der Straße steht. Dort arbeiten die Männer der Familie Eink. Alle.

Im Frühling sieht es hier viel freundlicher aus, wenn im Vorgarten drei Kirschbäumchen blühen. Im Frühling vor einem Jahr haben Alfred und Rosi Eink geheiratet.

Die Braut war gerade 19, der Bräutigam 20 Jahre alt. Drei Monate hatten sie auf das Schriftstück in dreifacher Ausfertigung gewartet, das ihnen schließlich vom Jugendamt in Recklinghausen zugesandt wurde: »Bescheid 7 X 69/71. Der Bergmann Alfred Josef Eink, geb. am 6. März 1951 in Herne, wird auf seinen Antrag für volljährig erklärt. Gezeichnet – Oberamtsrichter Schwengel.«

Erst mit diesem Schein konnten sie das Aufgebot bestellen. Rosi: »Das dauerte so lange, weil wir doch eigentlich keinen Grund nennen konnten. Wir wollten einfach nur heiraten. Aber das genügt nicht. Die wollten genau wissen, warum. Sie schickten einen Sozialbeamten, und polizeiliche Führungszeugnisse verlangten sie auch. Wir sagten dann, dass wir eine Wohnung bekommen könnten. Das gilt als Begründung.« Als der Hochzeitszug von der Kirche kam, stand Mutter Eink mit Brot, Salz und Wein vor der Haustür. Alfred hob seine zierliche Braut im bodenlangen weißen Rüschenkleid und weißen Schleier hoch und trug sie über die Schwelle seines Elternhauses. Innen wartete ein üppiges Essen für 40 Personen. Oben im ersten Stock wartete das Zimmer. »Ist doch wirklich hübsch«, sagt die Schwiegermutter und öffnet mir die Tür dazu. »Und schön warm, der Ofen ist ganz neu. Hier sind sie völlig für sich, nicht, Rosi? Nach dem Abendessen gehen sie rauf, ihren eigenen Fernseher haben sie auch. Und wenn sie mal einen Wortwechsel haben, das gibt's ja in jeder Ehe, dann geht mein Sohn mit seiner Frau aufs Zimmer. Das finde ich sehr anständig.«

Im Zentrum des Zimmers steht eine rote Wiege, die Kissen sind bezogen, kleine Plüschtiere sitzen darauf. Alfred hat die Wiege von einem Freund schreinern lassen, er ist, sagen die beiden Frauen, rein närrisch vor Vorfreude. Wünscht er sich einen Sohn? »Eigentlich«, sagt Rosi, »möchte er am liebsten eine Tochter. Aber jetzt meint er, daß es ihm gleich ist. Hauptsache, es ist gesund.«

»Mein Mann«, sagt die Schwiegermutter, »wollte auch immer lieber eine Tochter. Was war der enttäuscht, als es beim zweiten Mal wieder ein Junge wurde.«

Sie zieht ihren Mantel an. Einmal in der Woche geht sie zu einem privaten Zugehplatz, viermal in der Woche in die Hauptverwaltung der Zeche zum Putzen. Der Tag hat manchmal 18 Stunden für sie. Sie ist 51, grauhaarig, sie sieht müde und unermüdlich zugleich aus. Ich vergleiche

Rosi mit ihr, das stille, kleine Ding mit dem Kindergesicht und dem noch so neuen, breiten Ehering an der rechten Hand. Auch eine Bergmannsfrau. Ob sie in 30 Jahren der anderen ähnlich sein wird?

»Der Ali müßte doch schon zu Hause sein«, sagt Rosi und blickt auf die Wohnzimmeruhr.

Mutter Eink schaut sie von der Seite an. »Siehst du, jetzt geht es dir genauso wie mir. Als junge Frau bin ich immer vorgelaufen zum Zechentor. Wenn er mal eine Viertelstunde später kam als sonst, hab' ich gedacht, das halt ich nicht aus. Und dann, als er wirklich den Unfall hatte, an dem Tag war ich ganz ahnungslos. Laß mal«, sagt sie tröstend, »der kommt schon.«

Als es läutet, rennt Rosi zur Tür. Manfred, der Bruder, kommt aus der Zeche heim. »Hast den Ali gesehen in der Kaue?« – »Nee«, sagt er und holt sich einen Suppenteller aus dem Küchenschrank.

Wie es unten im Schacht, im »Pütt« aussieht, was Ali und Manfred und die anderen da genau machen, weiß Rosi nicht. Sie war noch nie unten. Ihre Schwiegermutter auch nicht. Der Pütt ist Männersache. Kinderkriegen, Brote schmieren, immer einen Topf Suppe auf dem Herd stehen haben, wenn der Mann nachts, morgens oder nachmittags von der Schicht kommt, das Geld zusammenhalten und noch etwas dazuverdienen, falls es nicht reicht – das ist Frauensache. Und Angst haben, daß irgendwann einmal da unten im Berg etwas passiert. An dieser Rollenverteilung, scheint mir, hat sich seit 100 Jahren überhaupt nichts geändert.

Warum heiratet ein Mädchen wie Rosi trotzdem so früh

Wirtschaftliche Schwierigkeiten im Bergbau

Jahrzehntelang hatte der Steinkohlenbergbau in der Energiewirtschaft eine Monopolstellung. Wer im Bergbau tätig war, brauchte sich um seinen Arbeitsplatz keine Sorgen zu machen. Aber diese Situation änderte sich, als Erdöl und Erdgas aufkamen. Dadurch sank die Nachfrage nach Steinkohle immer mehr. Die Folgen: Kurzarbeit (sogenannte Feierschichten, wenn im Monat weniger Stunden als normal gearbeitet wird), Zechen mußten schließen, Bergleute verloren ihre Arbeitsplätze. Schlagzeilen wie »Krise im Bergbau« oder »Die Kohlenhalden werden ständig höher« konnte man in den letzten Jahren immer wieder lesen. Seit Anfang dieses Jahres sind die Schwierigkeiten wieder besonders groß. Die Ruhrkohle AG, zu der 52 westdeutsche Zechen gehören, hat in den letzten drei Geschäftsjahren mit einem Verlust von 1,2 Milliarden Mark gearbeitet und braucht nun dringend Hilfe vom Bund, sonst sind die Arbeitsplätze von 180 000 Arbeitnehmern gefährdet.

Kohle wird heute in der Wirtschaft vorwiegend für die Stahlindustrie und für die Stromerzeugung gebraucht. Außerdem gewinnt sie als Rohstoff für die Kunststofferzeugung immer mehr an Bedeutung. Wer heute Bergmann werden will, hat die Wahl unter 26 Fachrichtungen, vom Schlosser bis zum Meßmechaniker.

wie möglich? In ihrem Fall gibt es noch die schlechte Ehe ihrer Eltern, die sie hätte ängstlich machen können. Der Vater – auch Bergmann – hatte die Mutter verlassen, als sie mit dem vierten Kind schwanger war und das dritte Kind, seine Lieblingstochter, an Leukämie starb. »Das hat er immer gesagt«, erinnert sich Rosi, »wenn die Conny stirbt, hat er gesagt, dann hau ich ab.« Sie fügt in ihrer besonnenen Art hinzu: »War ja Quatsch, konnt ja keiner was dazu.«

Nein, Rosi hatte keine Angst vor der Ehe. Mit 16 lernte sie ihren Ali kennen, bei einer Party. Schon vorher hatte sie ihre Lehre als Verkäuferin abgebrochen. Der Grund: »Vater zahlte nichts, die Mutter brauchte mehr Geld.« Die Mutter konnte wegen der Kinder nicht arbeiten und war auf die Wohlfahrt angewiesen. Rosi suchte sich deshalb einen Job bei einer Schirmfabrik. Sie nähte im Akkord Bezüge an den Stangen fest. Später wechselte sie zu einer Kleiderfabrik, nähte Schlaufen an Röcke, für 300 Mark im Monat. Schließlich ging sie als Spulerin zu Blaupunkt. »So Kupferdrähtchen, ganz dünn, mit 'ner Pinzette auf 'ne Spule wickeln«, erklärt sie mir. Bandarbeit, acht Stunden täglich. Der Lohn: 600 Mark netto im Monat. Im Augenblick genießt sie ihren Mutterschutz.

Sie findet es schön, verheiratet zu sein: »Ist doch jetzt besser als vorher.« Sie häkelt Jäckchen für das Baby, sie ist die Gelassenheit in Person. Geduldig wartet sie, bis die Möbel, die in einem Versandhaus längst bestellt und jederzeit abholbereit sind, endlich abbezahlt sein werden. Über die Hälfte haben sie schon geschafft: 4900 Mark. Die monatliche Rate beträgt 700 Mark. Ein schwarzweißes Schleiflack-Schlafzimmer, curryfarbene Polsterecke, Wohnzimmerschrank, dunkel poliert, Hirtenteppich, fünfflammiger Lüster, Küchenschränke, Elektroherd und Spüle – Rosi kennt alles nur vom Prospekt. Er liegt aufgeschlagen auf dem Tisch in ihrem Zimmer.

Wenn die Möbel bezahlt sind, wird die junge Familie in eine eigene Wohnung ziehen. Die Zeche wird sie ihnen billig vermieten, einen Neubau natürlich, hoffentlich mit Balkon, sagt Rosi sehnsüchtig. Vielleicht braucht sie dann nicht mehr zu arbeiten, kann ganz zu Hause bleiben bei dem Kind, das wäre schön. Oder nur halbtags arbeiten, schränkt sie ein.

Alfred Einks Lohnstreifen liegen im Wohnzimmerbüfett: »49,14 Mark plus 2,50 Mark Untertagegeld plus 2 Mark Hausstandsgeld werden ihm pro Achtstundenschicht gutgeschrieben. Nach Abzug von Steuern, Gewerkschafts- und Knappschaftsbeiträgen verdient er im Monat etwa 850 Mark. Zusammen mit Rosis 600 Mark kommen die beiden also auf 1450 Mark. Davon gehen im Monat sofort die 700 Mark für Möbelraten ab und 300 Mark Kostgeld an Mutter Eink für das Zimmer und Essen. Ob es, wenn die Möbel bezahlt sind, ohne Rosis 600 Mark gehen würde? Sie hebt die Achseln: »Sparen!« – »Du – ja, du sparst«, sagt Alfred, der mittlerweile heimgekehrt ist. Er raucht eine Zigarette, gleich nach der Arbeit ist er meist zu müde zum Essen. »Du gehst fort, um Brötchen zu kaufen, und kommst mit einem Korb voll Zeug zurück. Um ehrlich zu sein, das macht mich wahnsinnig.« Rosi: »Und mit dir einkaufen gehen, das macht mich wahnsinnig. Durchs Kaufhaus rennen, alles anschauen, nirgends stehenbleiben. Nöö, brauch ich nich, komm weiter, komm schon. Nur nichts ausgeben ...«

Er lacht, zwinkert ihr zu. Er sieht schmal aus, schmächtig, weder wie ein Bergmann noch wie ein Familienvater, am ehesten noch wie der Flügelflitzer bei einem Fußballverein. Das ist er sonntags: rechter Läufer beim DJK Sportfreunde 14 in Herne.

»Der ist dauernd verletzt«, erzählt sein Bruder. »Der hat Knochen wie Glas, nur nicht so schön.«

Rosi sagt: »Ich finde ihn gut.« Sie versteht überhaupt nichts vom Fußball. Aber im vergangenen Sommer ging sie zu jedem Spiel der Sportfreunde. Und bei den Spielersitzungen am Freitagabend im Vereinslokal sitzt sie mit ihrer Schwiegermutter am Damentisch.

Als sie 14 war, war sie verrückt danach zu tanzen. »Damals hab' ich mir gedacht, wenn ich erst 16 bin, gehe ich jeden Samstag/Sonntag zum Tanzen. Jeden. Aber jetzt mach' ich mir nicht mehr so viel draus. Und der Ali mag die modernen Tänze nicht, wo man sich nicht mal anfaßt.« Ja, man wird älter.

Hie und da gehen die beiden in eine kleine Diskothek, die »Schweinebacke«, wo es Glück-auf-Pils gibt und auch so romantische Platten wie »Hab' ich dir heute schon gesagt, daß ich dich liebe?« Manchmal essen sie Zigeunerschnitzel mit Pommes frites in einem Selbstbedienungsgrill an der Bochumer Straße. Sie haben kein Auto, Vater Eink auch nicht, die Wellblechgarage in der Gustavstraße steht leer. Wozu ein Auto? Die Zeche ist bequem zu Fuß zu erreichen.

Eine Hochzeitsreise hat das junge Paar nicht gemacht. »Mann, die Hochzeit war so teuer«, sagt Ali. Und der Urlaub im Jahr davor? »Laß mal nachdenken. Ja, doch, da haben wir das Haus tapeziert.« Urlaubspläne für den kommenden Sommer? »Wir wollten nach Frankreich, nach Paris, in Frankreich waren wir mal mit dem Fußballverein. Das ist klasse.« – »Aber das geht nun nicht, weil wir das Baby haben«, ergänzt Rosi. In welches Land, frage ich, würden sie am liebsten fahren? Sie überlegt: »In den Schwarzwald.« – »Das ist doch kein Land«, sagt Ali. »Ist doch egal. Da möcht ich jedenfalls hin.« Ali: »Meine Eltern sind noch nie, seit ich denken kann, in Ferien gefahren.«

Am Sonntagvormittag sitzen wir in der Straßenbahn nach Bochum. Wir wollen ins Bergbaumuseum, Alfred möchte seiner Frau und mir wenigstens im Modell zeigen, wie es unter Tage aussieht. Rosi hat Kreuzschmerzen, aber sie kommt mit. Als wir wieder heimfahren, wissen wir, was Ali arbeitet: In 800 Meter Tiefe füllt er abgebaute Kohlenstrebs mit Steinen, damit sie nicht einbrechen. Er arbeitet teilweise im Liegen, im Dunkeln, nur mit einer Arbeitshose bekleidet, einen Helm mit Grubenlampe auf dem Kopf.

»Das ist ja 'ne Schinderei«, sagt Rosi. »Das hab' ich nicht gewußt, daß es da, wo du arbeitest, dunkel ist. Ich dachte, es ist ganz hell wie in der Fabrik...«

Manchmal macht sich Alfred Gedanken, ob er den richtigen Beruf hat. »Wenn man die Älteren unten im Pütt husten hört und würgen, weil sie den Staub nicht mehr vertragen, dann denk ich oft, nichts wie raus. Oder wenn man Steine runterkommen sieht, wo man grad eben noch gestanden hat, dann denkt man, mal erwischt's dich.«

Warum ist er Bergmann geworden? Doch sicher nicht wegen der fünf Tonnen Kohle, die jede Familie im Jahr zum Vorzugspreis von 40 Mark bekommt? Oder weil er als Bergmann vom Wehrdienst befreit werden kann? Oder wegen der niedrigen Miete? Hat er bei der schwierigen Situation im Bergbau keine Angst um seine Stelle?

Alfred Eink zuckt mit den Schultern. Er hat sich noch nie so richtig überlegt, was er tun würde, wenn zum Beispiel seine Zeche schließen müßte. Sein Vater meint: »Man gewöhnt sich an dieses Auf und Ab im Bergbau. Seit ich denken kann, ist es immer das gleiche, einmal heißt es, alle Halden werden geschlossen, dann wieder müssen wir zusätzliche Schichten einlegen.« Sein Sohn sagt: »Ich bleibe beim Bergbau, solange es geht. Ich weiß, daß ich niemals so am Fließband arbeiten könnte, in so einer großen Halle, wo dauernd jemand hinter mir steht. Und immer die gleichen Handgriffe. Da unten ist jeder Tag anders. Und man ist auf sich gestellt, meist hat man nur einen Kumpel dabei.«

»Am Fließband«, fügt Rosi hinzu, »da steht glatt einer eine Stunde lang mit der Stoppuhr hinter einem und nimmt die Zeit. Das kriecht wie Ameisen den Buckel rauf.«

»Das würde ich einfach nicht aushalten«, sagt Ali. »Der Mensch«, meint Rosi philosophisch, »gewöhnt sich an alles.« Als ich nach drei Tagen die Familie Eink verlasse, stehen auf meinem Notizblock ein paar Wünsche, die Rosi mal hier, mal da geäußert hat. Wolkenstores zum Beispiel, üppige weiße Wolkenstores möchte sie gern in der eigenen Wohnung haben. Und große Fenster. »Meinste, wie das klasse aussieht, da 'ne schöne Wolke vor.« Und neunzehn rote Rosen wünscht sie sich: »Bringst du mir neunzehn Rosen in die Klinik, Ali? So alt wie ich bin, so viel Rosen.«

Eine Woche nach meinem Besuch fährt der Fotograf Rainer Joedecke nach Recklinghausen. Samstag, Sonntag fotografiert er das junge Ehepaar. Am Montag früh kommt er gerade ins Haus, als Rosi von einem Feuerwehrauto in die Klinik gefahren wird. Steißlage, sagt der Arzt. Die Geburt wird schwer. Vater Eink telefoniert mit Alfred unten im Schacht. Kommen kann er nicht. Was sollte er auch im berühmten Wartezimmer der Klinik. Er arbeitet weiter und hofft, daß alles gutgeht.

Am Nachmittag, nach der Schicht, erfährt er: Seine Frau ist wohlauf, das Kind ist bei der Geburt gestorben. Es war ein Mädchen.

Das war im Dezember. Im März bekam ich einen Brief von Ali: »Wir bekommen am 1.4.72 eine Zweieinhalbzimmerwohnung mit Bad und Balkon (Neubau). Die Miete beträgt 109 Mark«, schreibt er. »Rosi arbeitet wieder bei Blaupunkt. Die Morgenschicht geht von 5.45 bis 14.30 Uhr, die Mittagsschicht von 14.30 bis 23 Uhr. Sie ist mit sieben Frauen am Fließband beschäftigt.«

Weiter: »Es geht der Familie gut. Die Mutter wird wieder Krankenschwester [Anm. der Autorin: Während des Krieges war sie beim Roten Kreuz] und freut sich sehr darauf. Vater ist erster Vorsitzender unseres Sportvereins geworden. Im Bergbau haben wir bereits vier Feierschichten hinter uns, es folgen nächsten Monat noch drei. Aber solange die Zeche nicht schließt, bleib ich dem Bergbau treu. Rosi ist in ärztlicher Behandlung in Duisburg. Wenn die Behandlung erfolgreich abgeschlossen ist, können wir an das nächste Baby denken.«

Das Ehepaar Eink im Jahr 2002: Buddenbrooks in Recklinghausen

von Stephan Lebert

Es war ein Samstagabend, irgendwann Ende der Achtzigerjahre. Seine Schwester sagte plötzlich, komm Alfred, jetzt schauen wir sie uns mal an, sie, die auf eine Kontaktanzeige von ihm geantwortet hatte. Alfred war sich nicht so sicher, ob das eine gute Idee ist. Schließlich hatte er mit der Frau bislang nur am Telefon gesprochen, und samstägliche Überraschungsbesuche sind ja auch nicht jedermanns Sache. Aber seine Schwester saß schon im Auto: Komm, Alfred.

Sie fuhren also von Recklinghausen nach Dortmund. Mitten durchs Ruhrgebiet, Fahrzeit etwa eine Stunde. Vielleicht, sagte die Schwester, können wir von draußen in die Wohnung schauen, je nachdem, was sie für Vorhänge oder Gardinen hat. Aber die Wohnung hatte Jalousien, sie waren runtergelassen. Wenn wir jetzt schon da sind, sagte die Schwester. Sie läuteten. Es war schon fast 22 Uhr.

Heute ist die Frau, bei der es nachts klingelte, mit

Alfred Eink verheiratet, seine zweite Frau. Sie erinnert sich: »Das war schon ein Hammer damals. Plötzlich stehen die vor der Tür. Ich hatte ja keine Ahnung. Ich war schon sehr überrumpelt.« Er stand da und stellte ihr als Erstes seine Schwester vor. Ihre Kinder liefen durch die Wohnung. War ja keine einfache Situation, sagt sie. Alle saßen auf der Couch, mehr oder weniger schweigend. »Gott sei Dank war die Katze da. Über die haben wir uns dann unterhalten. Das war gut.« Nach etwa einer Dreiviertelstunde war dieses Blind Date vorbei, die Einks verabschiedeten sich. Als er wieder zu Hause war, rief er noch mal kurz an: »Wir sind gut angekommen.«

War vielleicht etwas ungewöhnlich, dieses erste Treffen. Aber im Nachhinein muss man sagen: Es hat funktioniert. Nur ein paar Wochen später zog Ilse Kunschke mit ihren beiden Kindern nach Recklinghausen, in die Wohnung von Alfred Eink. Nicht viel später, am 13. Juli 1990, heirateten sie. Freitag, der 13. Das Datum war Zufall. »Und es hat uns Glück gebracht. Bislang jedenfalls«, sagt er.

Seine beiden Töchter hatten die Annonce in der Zeitung aufgegeben: »Zwei Mädchen suchen für ihren Papa eine neue Frau...« Alfred Eink sagt, er sei damals in einer furchtbaren Krise gewesen, »der Boden unter meinen Füßen war weg.« Ohne seine Kinder, glaubt er, hätte er das nicht durchgestanden. »Wenn ich in dieser Zeit mal nachts ein paar Bier zu viel hatte, kam meine Tochter und sagte, hör auf, Papa, mach dich nicht kaputt.«

Die Einks. In Krisenzeiten halten sie zusammen, der gesamte Clan. Kinder, Tanten, Onkel, ja, und nicht zu vergessen, die Mutter von Alfred Eink. Als es krisenmäßig damals ganz dicke kam – nicht nur bei Alfred, auch bei anderen Verwandten gab es private Probleme –, wohnten zeitweise 13 Personen unter dem Dach der Mutter, in der Gustavstraße 4a, also genau in der Wohnung, wo 1972 das junge Ehepaar im ersten Stock residiert hatte. Die Kommune Eink. Und mittendrin die Mutter, die auch für sich selbst in diesen Tagen erleben musste, dass häusliche Erdbeben keine Frage des Alters sind. Ihr Mann, der Vater von Alfred Eink, war schon weit in den Sechzigern, als er an einem normalen Morgen mit der Straßenbahn fuhr. Und ihm auf eine ziemlich unglaubliche Art die Vergangenheit begegnete.

Aber Moment, man muss aufpassen, dass man nicht den Überblick verliert in all diesen Familiengeschichten. Wer hat wen warum verlassen? Wie gehen die vielen Einks mit ihren Dramen um? Was kann eine Großfamilie alles aushalten? Im Hintergrund: Recklinghausen, das Ruhrgebiet, eine Region, in der sich ein dramatischer Wandel vollzogen hat und immer noch vollzieht. Der Kumpel: Es war mehr als ein Job, es war Identität. Wie fühlen sich Menschen, die daran gewöhnt waren, einen wesentlichen Teil ihres Lebens unter der Erde zu verbringen, im Dunkeln, und sich umstellen müssen auf das, was so gerne eine neue Zeit genannt wird? Die Einks, eine Familiensaga. Buddenbrooks in Recklinghausen.

Blenden wir zunächst wieder zurück ins Jahr 1972,

wie die Geschichte weitergegangen ist, nach dem Tod des Babys, das Bianca hieß. Nach dem Bezug der neuen Wohnung, ihrer ersten gemeinsamen. Alfred Eink sagt, ihn habe der Tod des Mädchens unglaublich getroffen. »Ich hatte wahnsinnig daran zu knapsen. Mindestens ein Jahr lang. Ich bin sehr oft an ihrem Grab gestanden.« Ilse, seine zweite Frau, sagt: »Alfred, wenn du ehrlich bist, dann bist du heute noch nicht darüber weg, ich merke doch, wie dich das immer noch beschäftigt.« Eink sagt: »Meine Frau, meine erste Frau, die Rosi, hat das viel besser weggesteckt. Sie konnte von Anfang an besser damit umgehen.« Das sei eben so, sagt er, da seien Menschen unterschiedlich, »wie sie ein solches Schicksal verarbeiten. Meine Frau war da anders als ich.« Er sagt: anders, und man hat dabei nicht den Eindruck, dass er dies wertend meint. Er wirft ihr nicht vor, dass sie damals vielleicht etwas kalt reagiert habe, nein, gar nicht. Alfred Eink ist keiner, der leicht Vorwürfe macht.

Der *Brigitte*-Fotograf Rainer Joedecke, der damals gerade seine Bilder machte, als die Wehen einsetzten, brachte die Einks mit einem Gynäkologen zusammen, der das Kind obduzierte und die Frau gründlich untersuchte. »Wir wollten in erster Linie wissen«, sagt Eink, »ob wir noch Kinder kriegen können, wir wollten doch unbedingt Kinder.« Das Ergebnis: Aus ärztlicher Sicht stehe dem nichts im Wege, bei der nächsten Geburt bestehe keine besondere Gefahr. In den nächsten Jahren kamen dann drei Kinder auf die Welt, zwei Mädchen, ein Junge, alle gesund und munter. Und Alfred Eink wechselte schon im Jahr 1974 den Beruf. »Alles was man hörte, waren schlechte Nachrichten, alle redeten immer davon, die Zeche wird bald geschlossen. Dann erzählte mir ein Bekannter, bei Opel in Bochum stellen sie Leute ein. Da dachte ich, Opel, das klingt sicher. Ich habe mich beworben, und es hat gleich geklappt.« Auch sein Vater beendete die Arbeit in der Zeche, er wurde mit 50 Jahren frühpensioniert.

»Der hat das gut gepackt, überhaupt kein Problem«, erzählt Sohn Alfred, »der hat sich in verschiedenen Vereinen engagiert, hatte noch viel zu tun mit seinen alten Bergarbeiterkollegen. Und Geld hat er nebenbei auch noch verdient. Er hat in Kneipen geputzt. Da haben sich einige gewundert: Ein Mann und putzen? Hat meinem Vater gar nichts ausgemacht.« Wie denn das Verhältnis war, zwischen ihm und seinem Vater? »Ausgezeichnet, besser kann es gar nicht sein. Wir sind zusammen auf den Fußballplatz gegangen. Wir haben uns prächtig verstanden. Das macht es für mich ja so schwer zu verstehen, was dann auf einmal in ihn gefahren ist. Er hat ja heute jeden Kontakt zu mir und uns abgebrochen.«

Seit 1974 arbeitet Alfred Eink bei Opel am Fließband. Die ersten Jahre wurden Regenleisten montiert, seither ist er in der Türenstraße beschäftigt, wo die Türen angefertigt werden. Es gibt zwei Schichten, von 6 Uhr morgens bis 14 Uhr und die andere von 14 bis 22 Uhr. »Die Abwechslung ist für mich wichtig, immer so früh aufstehen könnte ich nicht. Wenn ich Frühschicht habe, stehe ich schon immer um vier Uhr auf. Ich brauche morgens ein bisschen Zeit für mich, sonst packe ich es nicht.« Seit einiger Zeit ist er Kolonnenführer und verdient genügend Geld, dass er sich vor ein paar Wochen zum ersten Mal in seinem Leben ein eigenes Auto leisten konnte, einen kleinen Opel. »Früher habe ich immer so gebrauchte Dinger gefahren, von denen hat keiner mehr als 500 Mark gekostet.«

War das schwer, die Umstellung vom Bergwerk zum Fließband? Ja, sagt Eink, eigentlich schon, »vor allem das mit der Arbeitszeit. Unter Tage ist die Schicht viel kürzer, man muss ja erst mal runterfahren, umziehen, und nachher duschen, umziehen und wieder hoch. Bei Opel dachte ich die ersten Wochen, Mensch, diese Schicht geht ja nie vorbei.« Und sie mussten sich eine neue Wohnung suchen, weil die alte ja eine Zechenwohnung war. War's früher im Bergwerk besser? Ach, man gewöhnt sich, sagt er. Hat sich Recklinghausen, seine Heimatstadt, verändert durch das Schließen der Zechen? Nee, sagt er, gar nicht, »ich wüsste nicht wie«. Recklinghausen ist Recklinghausen geblieben.

Alfred Eink ist heute 51 Jahre alt. Schmal, schlank, einen Schnurrbart hat er sich wachsen lassen. Und ein goldfarbener Ring steckt in einem Ohr. Den hat er erst seit ein paar Jahren, ursprünglich ließ er sich das Loch stechen für einen Ring in den Farben des FC Schalke 04, erst später kam der goldene rein. Schalke ist sein Fußballclub, bis heute ist er begeisterter Fan. Er selbst hat aufgehört zu spielen, bis vor kurzem kickte er noch für den DJK Sportfreunde in Herne, zuletzt in der Seniorenmannschaft. Manchmal zwei Spiele am Wochenende, manchmal zweimal Training, irgendwann wurde es ihm zu viel. Sein Bruder hat über ihn damals gesagt, er sei dauernd verletzt, er habe Glasknochen. »Quatsch«, sagt er und lacht, »was mein Bruder immer für ein Zeug redet.«

Es ist Sonntagnachmittag. Als ich zu Besuch komme, schaltet er den Fernseher aus, normalerweise hätte er jetzt Autorennen geguckt, »ich schaue sehr viel Sport im Fernsehen«. Das Ehepaar Eink sitzt auf dem großen breiten Sofa. Ilse hat Kaffee gekocht. Die Wohnung hat 80 Quadratmeter, kostet im Monat 500 Euro. Die Kinder sind inzwischen alle ausgezogen. Nur in Notfällen kehrt eines mal wieder kurz zurück. Neulich zum Beispiel, da hatte eine Tochter Beziehungsstress und wohnte vier Wochen hier, schlief auf einer Liege im Esszimmer. Alfred Eink wirkt freundlich. Wie er redet, was er redet: Es entsteht das Bild eines gutmütigen, sympathischen Menschen. Vielleicht etwas nervös. Er raucht, der schmale Körper wirkt ein bisschen zappelig. Wenn ich ihn mir an seinem Arbeitsplatz vorstelle, fällt mir der Film *Modern Times* von Charlie Chaplin ein, die berühmte Szene, wo Chaplin an dem Fließband ausrastet, an dem er im Akkord Schrauben anzieht. Nervös zuckend springt er durch die Räume und will bei allen, die ihm begegnen, imaginäre Schrauben anziehen …

Blenden wir noch einmal zurück, eher willkürlich, etwa in das Jahr 1986 oder 1987, in die Zeit jedenfalls, in der die Strukturen des Eink-Clans noch ziemlich anders aussahen. Was würde man sehen, wenn man eine Art Standbild aus diesen Tagen festhält? Alfred und Rosi im Alltagsstrudel, immer viel unterwegs mit den drei Kindern. Eine glückliche Familie? »Ja«, sagt Alfred Eink, »das lasse ich mir nicht nehmen. Ich würde auch heute noch sagen, wir hatten eine gute Ehe. Wir haben uns einfach gut verstanden. Wir hatten eine schöne Zeit, auf jeden Fall.«

Und man hätte die alten Einks noch gesehen, als ein altes sehr routiniertes Ehepaar, zu dem Kinder samt Enkelkindern oft zu Besuch kommen. Hätte sich damals keiner vorstellen können, dass sich daran irgendwas ändern soll. Beide haben noch ihre Nebenjobs, Opa geht putzen, Oma hilft in der Altenpflege. Das ist überhaupt ein Merkmal der Einks: Viele sind in der Altenpflege beschäftigt.

Und man hätte nach Dortmund schauen können, knapp 100 Kilometer von Köln entfernt. Da lebte Ilse Kunschke mit ihrem Mann und den zwei Kindern, sie arbeitete, ja, ebenfalls als Altenpflegerin. »In meinem Leben«, sagt sie, »hat damals jeder gesehen, dass ich eine sehr schlechte Ehe geführt habe. Mein Mann war kein guter Mann, er war nicht gut zu mir, nicht gut zu den Kindern. Er hat mich geschlagen, er war oft betrunken.«

Hätte man in all diesen Bildern schon etwas entdecken können, was wenig später geschah, hätte man den Hauch des bevorstehenden Veränderungssturms schon spüren können? »Nein«, sagt Alfred Eink, »ich habe gar nichts gemerkt, mich hat es dann ja auch komplett umgehauen.« »Nein«, sagt auch Ilse Eink, »ich fürchte, nein. Ich hatte damals noch nicht die Kraft, etwas an meiner schrecklichen Situation zu ändern. Warum das so war, weiß ich auch nicht.« Ilse Eink schüttelt den Kopf. Sie ist leicht mollig, ihre Haare sind schick rötlich gefärbt. Sie spricht von ihrer Vergangenheit, als spreche sie von der reinen Hölle, die von etwas ganz Wunderbarem abgelöst wurde. Sie blickt ihren Alfred an und sagt: »Mit ihm habe ich das große Los getroffen, es ist wirklich so.«

Im Nachhinein, sagt er, habe es natürlich schon Warnzeichen gegeben. Die Rosi fing nach all den Jahren plötzlich an zu klagen. »Das hat sie früher nie getan. Plötzlich war sie immer unzufrieden. Sie hat gesagt: Du bist immer weg und arbeitest, und was habe ich vom Leben? Ich weiß heute noch nicht, was man da drauf antworten soll.« Eink sagt, sie habe wohl so was wie eine Midlifecrisis gehabt. »Meine Schwester hat das vor ein paar Jahren auch mal gehabt, die wollte auch alles hinschmeißen, aber die hat sich wieder gefangen.« Die Rosi hingegen hatte dann, wie Eink sagt, »von einem Tag auf den anderen« einen anderen Mann. Und sie verließ ihre Familie, den Mann, die Kinder. »Sie war einfach weg«, sagt er, »sie wollte irgendwas Tolles erleben, nicht mehr uns.«

In jenen Krisentagen sitzt der alte Eink, Alfred senior, eines Tages in der S-Bahn, und plötzlich tritt eine Frau auf ihn zu und fragt: »Entschuldigung, bist du der Alfred Eink?« Ja, antwortet er, warum? Er glaubt, die Frau nicht zu kennen. Bis sie sagt: Alfred, ich war mal deine Ehefrau. Es stimmte: Im Jahr 1938 hatte Alfred

Eink seine große Jugendliebe geheiratet. Dann musste er in den Krieg und blieb weit übers Kriegsende weg. Jahre dauerte seine Kriegsgefangenschaft, Jahre, in denen es kein Lebenszeichen von ihm gab. Seine Frau hielt ihn für tot. Die Ehe wurde annulliert. Als Eink senior zurückkam, konnte er seine Frau nicht finden. Man sagte ihm, sie ist wahrscheinlich tot, gestorben bei den vielen schweren Bombenangriffen.

Dann die Fahrt in der S-Bahn. Sie verabreden sich. Und dann geht es ziemlich schnell bei den Mittsechzigern. Alfred senior verlässt seine Frau, zieht zur Jugendliebe. Und will von nun an nichts mehr wissen von all den gemeinsamen Jahrzehnten, auch nichts von seinen Kindern. Er will an seine große Liebesgeschichte von damals anknüpfen. Alles andere sei ein Irrtum gewesen.

Das ist die Version von Alfred junior. So berichtet er von der Wandlung seines Vaters. Er sagt auch, dass er manchmal versucht hat, mit ihm in Kontakt zu treten, »auch weil ich gehört habe, dass es ihm gesundheitlich nicht gut geht. Aber er hat kein Interesse.« Ilse Eink wollte ihn neulich zu einem Geburtstag einladen. Sie hat ihn angerufen. Doch er hat sofort wieder aufgelegt, als er ihre Stimme hörte.

Und die verlassene Mutter, wie ist sie damit fertig geworden? Sie wohne nach wie vor in der Gustavstraße, und ihr gehe es eigentlich ziemlich gut. 81 Jahre ist sie mittlerweile und immer noch in der Nachbarschaftsbetreuung tätig. »Sie sagt immer, ich gehe zu meinen alten Leuten, dabei ist sie inzwischen älter als die.« Alfred Eink sagt, sie habe die Trennung gut weggesteckt. »Sie sagt, die letzten Jahre sei ihre Ehe eh nichts mehr gewesen. Ja, meine Mutter ist eine sehr starke Frau.« Und Ilse, ihre Zweitschwiegertochter, fügt hinzu: »Wie kräftig die ist, psychisch, bewundernswert.« (Kurz vor Erscheinen dieses Buches ist die Mutter gestorben. »Sie ist einfach eingeschlafen«, sagt Sohn Alfred.)

Die Rosi, die Exfrau. In dem *Brigitte*-Bericht aus dem Jahr 1972 ist auch die Rede von der schlechten Ehe ihrer Eltern: Ihr Vater hat eines Tages die Familie, die Kinder verlassen, einfach so. Man soll das Leben ja nicht überpsychologisieren, aber auf eine gewisse Weise wenigstens hat sie diese Geschichte wiederholt. Sie hat später wieder geheiratet, nicht den Trennungsgrund, einen anderen Mann. Die Ehe ging schief. Mit den Kindern hat sie jetzt wieder Kontakt, ein Sohn wohnte zeitweise bei ihr. Alfred Eink sagt, zu den Kindern habe sie mal gesagt, die Trennung sei ein Fehler gewesen. So sagt er das, der Exmann. Und ein »Na ja« fügt er hinzu. Inzwischen, nach einer langen Pause, reden sie wieder miteinander, wenn auch nur das Nötigste. Aber verziehen hat er ihr nicht. »Das kann ich einfach nicht. Wissen Sie, ich kann viel verstehen, aber einfach weglaufen, so wie sie es gemacht hat, nee, nee, nee.« Lange her. Vieles ist inzwischen schon wieder lange her. Auch die Kontaktanzeige. Und die ersten Telefonate mit Ilse. »Wir haben zunächst nur telefoniert, stundenlang. Das waren Telefonrechnungen«, sagt Ilse. Es tat gut zu reden, sagt er, »über alles, über die Kinder, was man so für Sorgen hat. Wir haben uns gleich gut verstanden.« Sie sagt: »Ich mochte seine Stimme sofort.« Dann haben sie Fotos ausgetauscht, das war auch in Ordnung. Sein verknittertes Passbild liegt auf dem Tisch. Das hat er ihr damals geschickt, »ungefähr sieht man da ja, wie ich aussehe«. Sagt er und lacht.

Als sie von Dortmund nach Recklinghausen zog, mit den Kindern, gab es zunächst ein Problem. Nein, es waren nicht die Kinder, seine Kinder, ihre Kinder, die haben sich gleich gut verstanden. »Das Problem«, sagt Ilse, »war ich. Durch meine letzte Ehe war ich verhärtet. Ich wollte alles alleine machen. Wenn der Alfred sagte, er kommt mit zum Einkaufen, wollte ich das nicht. Ich kaufe ein, dachte ich. So war das in vielen Bereichen. Ich war ganz schrecklich am Anfang. Wenn ich er gewesen wäre, hätte ich mich zum Teufel gejagt.« Ach, sagt Alfred, er habe gewusst, das werde sich legen mit der Zeit. »So ist die nicht wirklich. Und ich habe Recht gehabt.«

Die Einks des Jahres 2002 haben einen Hund, eine Berner Sennenhündin, einen festen Wohnwagen auf einem Campingplatz an einem See, gut 100 Kilometer von Recklinghausen entfernt, wo sie jedes zweite Wochenende und ihre Urlaube verbringen. Ilse hat Schwierigkeiten mit der Bandscheibe und kann nicht mehr so richtig in der Altenpflege arbeiten. Alfred wird noch ein paar Jahre am Fließband durchreißen müssen. »Die Politiker sagen ja zurzeit dauernd, wir müssen wieder alle länger arbeiten. Da habe ich also noch einiges vor mir.«

Alfred Eink zeigt ein Foto, stark vergrößert, gerahmt. Alle ihre Kinder sind drauf, mit jeweiligen Partnern. Und ihr Enkel ist auch drauf, ihr ganzer Stolz. Sie sind gerne Oma und Opa. Müssen sie auch: Sie werden es in diesem Jahr noch zweimal. Gut ein Jahr alt ist das Bild. Es hat sich schon wieder einiges geändert. Der eine oder andere hat sich schon wieder getrennt, zwei der Töchter reden gerade nicht miteinander, weil die eine mit dem Ex der anderen liiert ist. »Wird sich schon wieder legen, der Streit«, sagt Alfred. Und fährt fort: »Lass uns bald mal wieder ein neues Foto machen. Sonst kommt man mit der Zeit ja gar nicht nach.«

Das Ehepaar Lombard im Jahr 1972: Zwischen den Büchern krabbelt Sohn Matti

von Ursula Lebert

»Nein«, sagt Sabine Lombard, »ohne das Kind hätten wir bestimmt nicht geheiratet.« Sie zögert, sucht die Augen ihres Mannes. »Hebser, kommt das jetzt falsch raus? Wie wenn ich dich sonst gar nicht gewollt hätte oder so?« Hebser, der eigentlich Herbert heißt, zieht gerade dem sechs Monate alten Sohn und Ehestifter frische Strampelhosen an. »Wir hätten nicht geheiratet, weil man ja auch so zusammenleben kann«, sagt er. »Aber wenn ein Kind da ist, wird's schwierig. Ein uneheliches Kind ist in unserer Gesellschaft benachteiligt, genau wie die ledige Mutter. Da gibt's alle möglichen Widerwärtigkeiten und Schikanen, und dann mischt sich auch noch das Jugendamt ein. Das kann man eben einfach nicht verantworten, finde ich.«

Sabine streicht die langen dunkelblonden Haare aus dem Schulmädchengesicht. »Es ist natürlich so, irgendwann könnte sich die Ehe als Zwang auswirken. Weil du auf dem Standesamt warst, mußt du treu sein, zum Beispiel. Das ist eine Gefahr in meinen Augen.«

Hebser, das Baby im Arm, auf der Suche nach einem Schnuller: »Es gibt keinen Anspruch auf Treue. Gibt's einfach nicht. Darüber muß man sich klar sein.« »Sind Sie Ihrer Frau nicht treu?« frage ich.

»Ich habe im Augenblick kein Bedürfnis nach einer anderen Beziehung«, antwortet er.

»Und wenn Sabine das Bedürfnis hätte?«

»Darauf kann ich jetzt nichts sagen, so theoretisch doch nicht... Es hinge von so vielem ab, wie ich da reagieren würde. Ich weiß es nicht, offen gestanden.«

Sie sehen wie ein sehr verliebtes Paar aus, diese beiden. Sabine mit ihrem kleinen, blassen Gesicht und ihrem schmalen Rücken. Hebser eher rundlich dagegen, mit freundlichen, klugen Augen. Ich habe nicht gezählt, wie oft ich am Nachmittag während seiner Abwesenheit von Sabine gehört habe: »Der Hebser tut dies, tut das, der Hebser mein...« Und als der Hebser endlich wieder da ist, von ihm: »Du, Sabine, Biene...« Er erzählt kleine Geschichten, was er heute so erlebt hat im Institut, was für eine Antwort er dem Professor gegeben hat, wen er getroffen hat unterwegs. Und dabei hält er Sohn Matti auf dem Schoß, der sich dem Vater in die Haare krallt und quietscht.

Herbert Lombard studiert Biologie im siebten Semester; zur Zeit steckt er mitten in seinem zoologischen Großpraktikum. Im zoologischen Institut untersucht er die Anatomie von Einzellern und Wirbeltieren. Sabine studiert im sechsten Semester Germanistik und Englisch. Sie sind beide 22 Jahre alt. Eines Mittags haben sie sich in der Mensa kennengelernt, Sabine las gerade in dem Buch »Das sogenannte Böse« des Verhaltensforschers Konrad

Lorenz, als Hebser sich an den Tisch setzte. Er kannte das Buch auch, sie kamen ins Gespräch. Fünf Monate später, am 12. März 1971, heirateten sie auf dem Marburger Standesamt. »Mein Hochzeitskleid«, sagt Sabine, »hat fünf Mark gekostet. Das hatte ich mir eigentlich für den Karneval gekauft. Ich fand's so lustig.« Sie holt es aus dem Schrank: ein weißes, kurzes Musselinfetzchen mit langen Ärmeln, Rüschen, Krägelchen. Für den großen Tag war es gewaschen, gestärkt und gebügelt worden. Auf den Hochzeitsfotos sieht Sabine darin aus wie Alice im Wunderland mit ihren offenen Haaren und den dünnen Beinen unter dem abstehenden Rock. »Die ganze Hochzeit war unheimlich lustig, nicht, Hebser?«

Die Eltern waren auch dabei, die Geschwister des jungen Paares, Verwandte. Und Hebser trug eine Krawatte. Wie sie sich mit den Eltern verstehen? Ganz gut, sagen sie, jetzt. Es gab problematische Zeiten. Man hat sich inzwischen darauf geeinigt, sich gegenseitig nicht zu kritisieren.

In den Ferien werden die beiden mit Sohn Matti ihre Eltern besuchen. Zuerst fahren sie nach Kassel. Dort leben die Lombards; Hebsers Vater ist Lehrer an einer Volksschule. Die Lombards sind übrigens italienischer Abstammung. Ein Vorfahr war von Italien nach Hessen eingewandert. Sabines Eltern wohnen in Köln. Ihr Vater arbeitet dort als Physiker. Beide Eltern waren schon zu Besuch in Marburg. Sie wissen, wie ihre Kinder leben; sie kennen die Wohngemeinschaft. »Ich glaube nicht«, sagt Hebser, »daß sie begreifen, warum wir so wohnen wollen.« Er deutet durchs Zimmer: »Ohne Sessel und die übliche Einrichtung. Ich glaube nicht, daß es ihnen gefällt.«

Möglicherweise gefallen ihnen auch Lenin und Engels nicht, die hier gelesen werden, oder das Flugblatt »Solidarität mit Vietnam!«. Hebser und Sabine gehören keiner Studentenorganisation an, aber ihre politische Haltung ist »kompromißlos links«, wie sie sagen. Sie werfen unserer Gesellschaft Heuchelei, Sattheit, Profitgier, Brutalität vor. Zur Kirche sagen sie: »Damit sind wir fertig. Wir haben den Matti nicht taufen lassen.« Hebser ist Kriegsdienstverweigerer, wie alle seine Freunde. Er sagt: »Mein Opa, das war ein richtiger alter Sozialdemokrat, ich wette, der würde mich verstehen. Den würde das hier auch ankotzen.« Im Gespräch werden sie schnell scharf und aggressiv. So, wie sie wohnen, das soll auch demonstrieren, daß sie nicht zu denen gehören, die sich vom Komfort und vom Konsum dieser Gesellschaft abhängig machen.

Sie sind erst vor ein paar Wochen hier eingezogen. Vorher hatten sie zwei Zimmer in einem alten Haus, mit sieben anderen Studenten auf demselben Stock. Gelegentliche Schwierigkeiten im Zusammenleben schildert Hebser: »Jemand hat nie die Dusche und das Klo saubergemacht. Also, da hört sich's ja auf. Wir haben einfach nie rausgekriegt, wer das war!«

Als allen die Zimmer gekündigt wurden, beschlossen Sabine und Hebser, eine neue Wohngemeinschaft zu gründen. Die Miete, die Kosten für den Unterhalt der Wohnung und das Essen sollten geteilt werden. »Wir haben es genau überlegt«, sagt Sabine. »Wenn wir zu zweit mit dem Kind in eine kleine Wohnung ziehen, verlieren wir zu viele Kontakte. Wir haben das öfter beobachtet – so eine Kleinfamilie, da hören die zwanglosen Besuche langsam auf,

Jeder siebte Student ist verheiratet

15 Prozent aller deutschen Studenten sind verheiratet. Damit hat sich der Anteil der verheirateten Studenten in den letzten Jahren bei den Männern verdoppelt, bei den Frauen ist er sogar um das Fünffache angestiegen. Über die Hälfte der verheirateten Studenten ist 26 Jahre alt und älter. Nur wenige sind jünger als 22. Kinder hat etwa die Hälfte aller Ehepaare. Das ergab eine Untersuchung des Wissenschaftsministeriums. Dabei stellte sich auch heraus, daß die meisten Studentenehepaare Schwierigkeiten haben, eine Wohnung zu finden. Von den Studenten mit Kindern wohnen zum Beispiel 19 Prozent nicht zusammen. In weiteren 13 Prozent aller Fälle wohnt zwar das Ehepaar zusammen, aber die Kinder sind irgendwo anders untergebracht. Nicht einmal jedes dritte Ehepaar verfügt über mehr als ein Zimmer. Jedes vierte Paar mit Kindern bezahlt im Monat eine Miete, die über 300 Mark liegt.

da isoliert man sich. Das wollten wir auf keinen Fall. Wir finden das auch nicht gut für das Kind.«

Jetzt wohnen sie im dritten Stock unterm Dach: vier Zimmer, Küche, Bad, ganz in der Nähe der Universität. Aus der alten Wohnung ist Hartmut, Mathematik- und Physikstudent, mit ihnen gezogen. Angelika, eine junge Krankenschwester, lernten sie bei der Wohnungssuche kennen und nahmen sie ebenfalls mit.

Eine kleine Wohngemeinschaft. Ein Zimmer ist für Sabine und Hebser bestimmt, eines für den kleinen Matti, eines für Angelika und das schönste mit Loggia zur Lahn für Hartmut. Hartmut ist blind. Ich merke es nicht gleich, als ich ihn kennenlerne. Er steht in der Küche, groß, schulterlange dunkle Haare, und spült in einer winzigen Wanne Geschirr. Die Spüle, die sie alle miteinander gekauft haben, ist noch immer nicht geliefert worden. Er spült sauber, sorgfältig, es fällt mir nicht weiter auf, daß er gelegentlich fragt: »Was ist das?«

»Das ist Mattis Breischüssel«, antwortet Sabine.

»Mann, total verklebt«, sagt Hartmut.

Erst später, auf der Straße, sehe ich, daß er blicklos einen Fuß vor den andern setzt. Sabine bringt ihn bis in den Hörsaal. Nach Hause begleitet ihn gewöhnlich einer von seinen Kommilitonen. Die drei Treppen kommt er alleine hoch. Sein Studium bewältigt er mit Hilfe eines Tonbandgeräts, das er während der Vorlesung laufen läßt, und mit Hilfe seiner Blindenschreibmaschine. Texte lesen ihm Sabine oder Hebser vor, je nachdem, wer gerade da ist. Jemand ist immer da. »Hebser hätte gern das Zimmer mit der Loggia gehabt«, erzählt Sabine. »Aber es ist das ruhigste, und Hartmut ist so geräuschempfindlich.« Sie sagt sehr betont: »Wir wohnen mit ihm zusammen, weil wir ihn gern haben. Nicht, weil er blind ist und uns leid tut. Er ist unheimlich nett.«

Für Hartmut ist die Wohnungsausstattung mit Matratzen zum Sitzen, Liegen, Schlafen, mit einem Brett auf dem Boden als Tisch, mit wenig Möbeln, die herumstehen, sehr praktisch. Für den kleinen Matti auch. Sie können sich beide nicht stoßen. Hartmut nimmt Matti hoch. »Na, kleiner Kommunarde«, sagt er, und zu mir: »Er genießt seine Freiheit. Welches Kind darf schon alles anfassen, ohne daß ihm jemand auf die Finger haut? Was, Matti wie du aussiehst, wenn du gefüttert wirst! Rein mit dem Löffel in den Teller, Brei übern Kopf. Du hast es schön.«

Es ist, als ob sie alle miteinander in Matti den neuen Menschen, den freien, nichtmanipulierten, nichtfrustrierten, nichtgehemmten Menschen heranziehen wollen. An einem Nachmittag schaut ein Studentenehepaar, das in einer anderen Wohngemeinschaft lebt, herein, Helen und Thomas mit Tochter Jenny. Hier sehe ich die gleichen Bemühungen. Jenny, anderthalb, wird von ihrem Vater, dem Mathematikstudenten Thomas, in einem Tragegestell auf dem Rücken überallhin mitgenommen, zum Beispiel auch in die Mensa zum Mittagessen. Soll man Jenny eine Tasse mit heißem Tee anfassen lassen? Sie diskutieren lange, ernsthaft. Sie erklären Jenny: »Es wird dir weh tun.« Bilde ich es mir ein, oder sind Jenny und Matti tatsächlich besonders freundliche, ausgeglichene Kinder?

Jedenfalls habe ich noch nie einen Vater kennengelernt wie diesen Hebser. Sabine kommt ins Zimmer, die Milchflasche in der Hand: »Hebser, waren's 18 Zucker und 27 Hafer?« Er legt das Buch weg, in dem er liest, und überlegt. Er sagt nicht: Ach, nimm irgend etwas. Er rechnet 18 Gramm Zucker, 27 Gramm Haferflocken, das müßte das richtige Verhältnis sein.

An einem Abend wollen wir italienisch essen gehen. Aber Matti weint zu seiner gewohnten Schlafstunde. Und Hebser sagt nicht: Leg ihn hin, der beruhigt sich schon. Er reibt ihm das Zahnfleisch mit Creme ein, er trägt ihn spazieren. Als wir schließlich aus dem Haus gehen, ist es nicht acht, sondern elf Uhr. Hebser und Sabine sind nicht eine Sekunde ungeduldig geworden.

Als Matti am 12. August 1971 zur Welt kam, waren seine Eltern gut vorbereitet. Sie hatten beide ein Seminar über antiautoritäre Erziehung belegt, sie hatten Schwangerschaftsgymnastik gelernt. Während der Geburt saß Hebser an Sabines Bett. Länger als zwölf Stunden. »Das war gut«, sagt er heute. »Ein unheimlich eindrucksvolles Erlebnis. Ich würde es sofort wieder machen.«

Wollen sie noch ein Kind? Doch, ja. Schon wegen Matti. Sabine: »Aber wir haben uns Gedanken gemacht, ob es nicht egoistisch ist, sich sozusagen den Luxus zu leisten, selber noch ein Kind zu bekommen – es gibt so viele einsame, vernachlässigte Kinder, die schon auf der Welt sind und die keiner will. Ob man nicht eines adoptieren sollte?« Hebsers Studium wird noch etwa zwei Jahre dauern. Er will Ökologe werden. Ökologie ist die Wissenschaft von der Beziehung der Lebewesen zur Umwelt, also ein Zweig der Umweltforschung. Sein Spezialgebiet ist das Verhalten von Insekten in bestimmten Umweltbedingungen. Nach dem Diplom wird Hebser wahrscheinlich ins Lehrfach gehen. In der Wirtschaft sind Ökologen zwar sehr gefragt und werden gut bezahlt, aber: »Ich sehe es an einigen Freunden: Weil es so wenig Fachleute gibt, werden die wenigen glatt aufgerieben. Die haben überhaupt keine Zeit mehr. Familie, Urlaub, das fällt alles aus. So will ich nicht leben. Es gibt schließlich noch was anderes, was neben dem Beruf wichtig ist.«

Sabine wird Lehrerin. Sie hat noch drei Jahre zu studieren. »Meinst du, noch so lang?« fragt Hebser. »Aber sicher«, sagt sie. Und zu mir: »Denken Sie bloß nicht, daß ich immerzu den ganzen Tag zu Hause bin. Das ist nur in diesem Semester, weil Hebser von morgens bis abends im Institut sein muß. Diesmal kann ich nur Abendvorlesungen belegen.« Hebser: »Im nächsten Semester ist es dann umgekehrt, da bin ich tagsüber bei dem Kleinen.«

Dann wird Hebser kochen, wenn sie nicht in der Mensa essen. Oder, wie Sabine es oft macht, gebackenen Fisch aus der Fischküche holen, gebratene Frikadellen, heiße Pizza von nebenan, ein bißchen Kuchen. Zum Mittagessen versammeln sie sich in der Küche. Hartmut sitzt auf dem roten Sofa. Hebser hat Milch mitgebracht und Pulverkaffee, er wirft zwei Kassenzettel in ein Einmachglas. Es ist neben den Matratzen der charakteristischste Gegenstand in dieser Wohnung. Das Kassenzentrum sozusagen. Es steht offen im Küchenschrank. Für den Anfang haben Hebser und Sabine 100 Mark hineingelegt, 50 Mark kamen von Hartmut, 50 Mark von Angelika. Jeder nimmt heraus, was er zum Einkauf von Lebensmitteln und Haushaltskram braucht. Wenn das Geld alle ist, wird eine neue Einlage fällig. Mattis Bedarf wird aus der Privatschatulle seiner Eltern bezahlt – sonst würde die Rechnung zu kompliziert.

»Mit Angelika«, sagt Sabine beim Mittagessen, »müssen wir eine andere Regelung treffen. Sie ist ja mittags fast nie da.« – »Dann legt sie eben das nächste Mal nichts rein«, sagt Hebser.

Geld ist schnell verwaltet, eingeteilt und ausgegeben, wenn man so wenig hat wie die Lombards. Die Wohnung kostet während der Wintermonate mit Heizung und Nebenkosten 600 Mark. Davon entfallen 300 Mark auf Hebser und Sabine. Demgegenüber stehen die Einkünfte: 300 Mark bekommt jeder von den Eltern, 100 Mark jeder als Honnef-Stipendium. Das sind 800 Mark Monatseinkommen. In manchen Semestern verdient Hebser als Hilfsassistent an der Uni ein bißchen dazu. Diesmal, wegen des Praktikums, nicht.

Sie sind nicht anspruchsvoll. Sie besitzen kein Auto. Ihre Garderobe, soviel ich sehe, beschränkt sich auf Bluejeans und Parkas.

Die Wohngemeinschaft hilft ihnen sparen: Anschaffungen geteilt durch vier sind billiger. Den Küchenschrank zum Beispiel haben sie für 40 Mark beim Auktionator gekauft. Alles, vom Kühlschrank bis zum Herd und der Spüle, ist Gemeinschaftsbesitz. Die Waschmaschine im Bad stammt von Hebsers Mutter, ein älteres Modell, das die Wäsche nur kocht und nicht spült und schleudert. Ein bißchen umständlich.

»Ach ja«, sagt Sabine, »es geht ganz gut.« Sie trocknet die Windeln auf zwei großen Wäschetrocknern im Kinderzimmer. Zum Bügeln besitzt sie ein zusammenklappbares Patentbrett. »Das haben uns Freunde geschenkt«, sagt sie. »Und dann sind sie auch noch gekommen und haben unsere ganze Wäsche darauf weggebügelt. Das fand ich unheimlich nett.«

Der Haushalt wird nicht routiniert versorgt, dafür sehr gelassen. Jeder macht das, was gerade notwendig ist. Geschirr wird abgewaschen, wenn es schmutzig ist, gekocht wird, wenn man Hunger hat, der Boden wird geputzt, wenn er es braucht.

Andere Dinge sind auf jeden Fall wichtiger: Sabines Arbeitsgruppe etwa, die zweimal in der Woche am Nachmittag kommt. Vier Studienkollegen und Sabine erforschen das Thema »Heine im deutschen Schulbuch«. Sie hocken auf dem Boden, zwischen Büchern und Zetteln, Matti kriecht mit nacktem Popo dazwischen herum. Er stört nicht, er stört nie.

Fast immer sind irgendwelche Freunde von Sabine und Hebser da. Sie schauen nur schnell herein, oder sie bleiben bis tief in die Nacht. Sie diskutieren über ihre Chancen oder darüber, ob Sabine den Kleiderschrank blau oder orange streichen soll.

In dieser Gemeinschaft hat immer jemand Zeit, Interesse, Geduld. Gutes Klima für die junge Ehe? Man wird sehen, diese Ehe ist erst ein Jahr alt. Die Wohngemeinschaft wird nicht ewig bestehen. Eines Tages werden Hebser und Sabine ihr Studium beendet haben und wegziehen müssen. Ich frage Sabine: »Werden Sie dann vielleicht doch irgendwo in einer Zwei- oder Dreizimmerwohnung leben?« – »Ich kann es mir nicht recht vorstellen, ich möchte es nicht«, sagt Sabine.

Das Ehepaar Lombard im Jahr 2002: Von der WG in die Einsamkeit

von Stephan Lebert

Anruf bei Herrn Lombard, wohnhaft in einer Kleinstadt in Niedersachsen. Eine freundliche Stimme. Ja, natürlich, er könne sich gut an diese alte Geschichte erinnern. Gar nicht so lange her, da habe er das noch mal durchgelesen. Mein Gott.

Ich erkläre ihm das Projekt: Ob man sich vielleicht mal treffen könne?

»Nein«, sagt Herr Lombard. »Das macht bei mir gar keinen Sinn. Sie müssen wissen, die Ehe von damals gibt es nicht mehr, wir haben uns getrennt.«

Ich sage, einige der Paare von damals leben auch getrennt und würden trotzdem mit mir reden. Ich höre mich irgendwas murmeln, etwa: Liebesgeschichten würden sich nun mal in diese oder jene Richtung bewegen.

»Nein«, sagt Herr Lombard, »ich will nicht mehr über diese Zeit sprechen, über diese Vergangenheit. Das reißt bei mir zu viele Wunden auf.«

Ein letzter Versuch: Wir könnten das Private auch völlig ausschließen und nur darüber sprechen, wie sich Lebensvorstellungen, auch politische, mit den Jahren verändert haben. Zum Beispiel: Ob Sie immer noch eine Schwäche für Karl Marx haben, der damals groß in Ihrer Wohnung hing?

»Nein«, sagt Herr Lombard noch einmal, »das alles ist zu schmerzlich für mich. Bitte, haben Sie Verständnis.«

Wir haben Verständnis, natürlich. Aus diesem Grund heißt Herr Lombard auch nicht Lombard, es ist der einzig geänderte Name in diesem Buch.

Anruf bei Frau Lombard. Sie arbeitet heute als Deutsch- und Englischlehrerin in der Nähe von Osnabrück. Auch sie ist zunächst zögerlich. Doch dann zeigt sie sich mit einem längeren Telefongespräch einverstanden. Mit ihrem ehemaligen Mann hat sie so gut wie keinen Kontakt mehr. »Wir sprechen sehr selten miteinander.« Zu Anfang des Gesprächs sagt sie: Über ihren Exmann werde sie sich nicht äußern.

Frage: 30 Jahre ist das jetzt her, die damalige Reportage.

Antwort: Ich habe damals den Anschlag in der Uni gesehen. 400 Mark für ein junges Ehepaar, das sich von der *Brigitte* interviewen lässt. Da dachten wir: Das machen wir, bei unseren Geldsorgen. Wir hatten ja nur 500 Mark im Monat zur Verfügung.

Frage: Waren Sie mit der Geschichte zufrieden?

Antwort: Erst mal waren wir überrascht, wie viele uns darauf angesprochen haben. Und dann haben wir uns ein bisschen aufgeregt, nach dem Motto: Wir sind doch ganz anders. Aber ich muss sagen, vor ein paar Jahren habe ich die Geschichte wieder gelesen. Und heute muss ich sagen: Genauso war es.

Frage: Wie lange habt ihr noch in der WG in Marburg gewohnt?

Antwort: Noch lange. Bis zum Jahr 1980. Hartmut, der blinde Hartmut, war noch zwei Jahre bei uns. Leider habe ich den Kontakt zu ihm völlig verloren. Na, dann kamen immer andere, der Peter, dann der Karl, später auch mal eine sehr gute Freundin von mir.

Frage: Würden Sie sagen, dass sich das Modell »Ehe in einer WG« bewährt hat?

Antwort: Was heißt bewährt? Mir hat es immer gut gefallen, ich mochte es, wenn viele Leute da sind. Wissen Sie, ich komme aus sehr schwierigen familiären Verhältnissen. Ich hatte alles andere als eine schöne Kindheit. Wahrscheinlich kommt daher meine Sehnsucht nach einem Nest. Also, ich mag WGs. Ich hoffe, wenn ich noch etwas älter bin, finde ich eine WG mit lauter Alten. Das wäre was.

Frage: Gibt es etwas aus Ihrer damaligen Wohnung in Marburg, was heute noch in Ihrer Wohnung ist?

Antwort: Muss ich nachdenken. Hatten wir damals schon den Küchentisch? Und die Stühle?

Frage: Nee, da waren doch überall Matratzen. Zumindest auf den Fotos.

Antwort: In der Küche gab es schon Stühle.

Frage: Und das Marx-Poster, hängt das noch?

Antwort: Nein. Wo ist denn das? Vielleicht auf dem

Dachboden. Oder es hat einer meiner Söhne mitgenommen. Muss ich das nächste Mal schauen, wenn ich sie besuche. Passen würde es. Die studieren alle in Marburg, wohnen in WGs, da sieht es so aus wie bei uns früher. Wenn ich in Marburg bin, kommt es mir vor, als würde ich überrundet werden. Ich sehe mein damaliges Leben.

Frage: Sie haben drei Söhne. Der zweite …

Antwort: … der Freddi …

Frage: … kam 1976. Wie war das damals?

Antwort: Ich musste sehr schnell nach seiner Geburt wieder arbeiten, als Lehrerin. Ich verdiente ja das Geld, mein Mann hatte noch keinen Job. Er war zu Hause und passte auf die Kinder auf. Ich wäre so gerne zu Hause geblieben bei den Kindern, ich habe es gehasst zu arbeiten. Wenn es nach mir gegangen wäre, hätte ich überhaupt jedes Jahr ein Kind bekommen und wäre Hausfrau geblieben. Aber natürlich hat einem die Vernunft gesagt, dass das nicht geht.

Frage: Dieses Frauenbild war damals, in den Siebzigerjahren, aber nicht gerade angesagt.

Antwort: Das war mir egal. Mir gaben Kinder das Gefühl, gebraucht und geliebt zu werden, wenigstens ein bisschen. Bei meiner eigenen Kindheit war das eben sehr wichtig für mich.

Frage: Sie sind dann 1980 nach Osnabrück gezogen?

Antwort: Das war ganz schrecklich. Mein Mann ist ja wegen seines Jobs schon vorher da hingezogen. Wir hatten ein kleines Häuschen mit Garten. Und wir waren alleine. Mein Mann nahm morgens das Auto und kam erst abends nach Hause. Die ersten zwei Jahre hatte ich noch keinen Job. Ich kannte keinen Menschen. Furchtbar. Es war die schlimmste Zeit meines Lebens. Das hatte sicher auch mit dem Zustand unserer Ehe zu tun.

Frage: Sie bekamen dann noch einen dritten Sohn?

Antwort: Ja. Der wurde im Alter von drei Monaten sehr krank. Gehirnhautentzündung. Das war eine dramatische Zeit. Mein Mann und ich haben uns im Krankenhaus abgewechselt. Aber Gott sei Dank ging alles gut. Und ich dachte zunächst, diese schlimmen Wochen hätten uns vielleicht wieder zusammengeschweißt. Aber es war nicht so.

Frage: Wann haben Sie sich getrennt?

Antwort: Erst Jahre später. 1986. Die Kinder sind bei mir geblieben.

Frage: Sie waren 15 Jahre verheiratet.

Antwort: Ja, aber trennen wollte ich mich schon im Jahr 1973. Es war eine quälende, lange Trennung. Das war alles nicht lustig. Bei mir dauert alles immer so schrecklich lang. Heute werfe ich mir vor, dass ich nicht viel früher formuliert habe, was ich denn überhaupt will. Aber: Was will ich? Wer bin ich? Ich wusste das alles nicht. Ich war selbst psychisch viel zu angeschlagen.

Frage: Heute auch noch?

Antwort: Nee, es ist schon besser geworden. Durch meine Kinder und durch den Beruf bin ich schon viel selbstbewusster geworden. Aber wirklich selbstbewusst? Ich weiß es nicht.

Frage: Wie würden Sie Ihren Lebensweg beschreiben?

Antwort: Langsam, einfach nur: langsam.

Frage: Sie waren damals politisch sehr links.

Antwort: Das bin ich heute noch. Marxistin. Ich würde das mit dem Eigentum zwar heute nicht mehr ganz so entschieden sehen, also jeder darf schon seine eigene Waschmaschine haben (lacht). Aber das mit den Produktionsmitteln sehe ich heute noch genauso: die sollten verstaatlicht werden.

Frage: Sind Sie noch politisch aktiv?

Antwort: Nein. Ich habe es mal bei den Grünen hier versucht. Aber da hat mich dieses Postengeschachere so abgestoßen, dass ich aufgehört habe. Vielleicht schaue ich jetzt mal, ob es in Osnabrück eine Attac-Gruppe gibt, das sind diese Globalisierungsgegner. Vielleicht mache ich da mit.

Frage: Keine großen Wendepunkte in Ihrem Leben gehabt?

Antwort: Eigentlich nicht.

Frage: Angenommen, die heute 50-jährige Frau Lombard würde die 20-jährige Frau Lombard treffen. Wie würden sich die verstehen?

Antwort: Ich würde sie schrecklich bemuttern. Weil ich sehen würde, dass sie psychisch selbst so angeschlagen ist. Sie würde mir Leid tun.

Frage: Und wenn die heute 50-Jährige die 35-Jährige treffen würde?

Antwort: Der 35-Jährigen würde ich eine Ohrfeige geben. Ich würde ihr sagen: Du hast jetzt lange genug gejammert. Jetzt tu endlich was!

Frage: Was ist das Wichtigste in Ihrem Leben?

Antwort: Meine Kinder, ganz klar. Auch wenn sie jetzt aus dem Haus sind. Und ich mich bemühe, ihnen nicht auf die Pelle zu rücken.

Frage: Hatten Sie nach Ihrer Trennung noch Beziehungen?

Antwort: Jedenfalls keine glücklichen.

Frage: Geben Sie manchmal Ihren Kindern Rat in deren Partnerschaften?

Antwort: Nein, nein (lacht). Ich sage immer: Schlechter als ich können sie es nicht machen.

Vom Lebensgefühl der Siebzigerjahre

von Ursula Lebert

Vor mir liegt ein 100 Jahre altes Hochzeitsfoto. Die Braut trägt ein bodenlanges schwarzes Seidenkleid, in der Taille eng geschnürt. Den Brautstrauß, garantiert der teuerste Strauß ihres Lebens, hält sie wie einen Handbesen. Der Bräutigam hat einen schwarzen Bratenrock an, dazu ein Myrtenzweiglein am Revers und eine weiße Fliege am gestärkten Hemdkragen. Mit ernsten Gesichtern reichen sie sich die Hände in weißen Handschuhen.

Meine Großeltern im Mai 1901. Die Ehe dauerte 51 Jahre. Sie starben rasch hintereinander. Außer der Fotografie besitze ich noch den abgewetzten Trauring meiner Großmutter. Auf der Innenseite ist eingraviert: »In Treue«.

Sie sind gut miteinander ausgekommen, glaube ich. Ich erinnere mich, wie die Großmutter manchmal am Tisch über Großvaters harte große Hände streichelte. Dann lächelte er. Er war Schreiner und redete nicht viel. Sie ging zu besseren Herrschaften putzen. Nach ihrem Tod sah ich ihn am offenen Kleiderschrank stehen und das Gesicht in ihre Kleider drücken. Ein weinender alter Mann mit einem weißen Schnurrbart.

In Treue. Was für ein Anachronismus in den Siebzigerjahren, als ich für Brigitte die Serie über junge Ehen schrieb. Da war gerade die offene Ehe in der Diskussion. Die offene Ehe wurde von den amerikanischen Eheberatern Nena und George O'Neill als Gegenmodell zur herkömmlichen Ehe vorgestellt. Das rororo Taschenbuch, 154 Seiten, 3,80 DM seinerzeit, war ein Bestseller. Die Autoren bejahen die Ehe, sind aber der Ansicht, dass beide Partner in und außerhalb dieser Lebensform volle Freiheit haben sollen.

In einer offenen Ehe müssen beide Partner akzeptieren:

dass man nicht alles miteinander teilt;

dass sich jeder Partner im Lauf der Beziehung ändert;

dass jeder im gleichen Maß Verantwortung übernimmt;

dass der andere nicht alle Wünsche erfüllen kann;

dass der Partner nicht Dinge für einen tut, die man eigentlich selbst für sich tun sollte, zum Beispiel Karriere zu machen oder etwas gegen die Langeweile zu unternehmen;

dass jeder verschiedene Bedürfnisse und Erwartungen hat;

dass die gegenseitige Beziehung und nicht gesellschaftlicher Status, Besitz oder Kinder das gemeinsame Ziel ist;

dass keiner der beiden sexuell treu sein muss;

dass man nicht immer gemeinsam als Paar auftritt;

dass die traditionelle Rollenverteilung von Mann und Frau aufgehoben ist;

dass die Beziehung zwischen zwei Menschen nicht auf ewig Bestand haben muss – wohl aber kann;

dass über alles, auch über sexuelle Untreue, miteinander gesprochen wird (vollkommene Offenheit).

»Vollkommene Offenheit« war das Schlagwort schlechthin. Dafür war das Wort Betrug abgeschafft. Denn wenn wir alles voneinander wissen, betrügen wir uns ja nicht. Und die Eifersucht war ebenfalls abgeschafft, war Ehemief von gestern.

Sicher enthalten die O'Neill'schen Formeln durchaus positive Aspekte. Manche davon sind heute in den Auffassungen von ehelichem Zusammenleben enthalten, mit befreiender Wirkung ohne Zweifel. Nur eines ist nicht gelungen: die Eifersucht zu eliminieren und den Schmerz über den sexuellen Seitensprung des Partners. Da hat auch die Pflicht, anschließend in aller Offenheit darüber zu sprechen, wenig Erleichterung gebracht.

Eher im Gegenteil. »Wenn er mir geschildert hat, wie es war, wenn er mit einer anderen Frau geschlafen hat… Immer dieses Erzählen. Als wenn er mir damit noch extra weh tun wollte. Ich bin ihm zuletzt aus dem Weg gegangen, wo ich nur konnte«, sagte Jutta, frisch geschieden, die ich während meiner Recherchen traf.

Liebe in den Siebzigerjahren. Rock'n'Roll, Minirock, Pille. Der Fall des Kuppeleiparagraphen, Partnertausch.

Die große Freiheit. Der Eheberater Karl Herbert Mandel berichtet damals aus den Erfahrungen in seiner Praxis: »Eifersucht ist heutzutage eines der größten Tabus. Man will alles sein, man darf alles sein, bloß nicht eifersüchtig. Manchmal kommt jemand zu mir und sagt schon bei der Begrüßung: Bitte, kurieren Sie meine Eifersucht. Dann höre ich die Geschichte an und sage, aber Sie sind zu Recht eifersüchtig, das wissen Sie doch. Und dann entgegnet er, nein, wieso, wir führen doch eine offene Ehe, und was ich fühle, ist krankhaft, ist ein Besitzanspruch, den wir nicht dulden. Dann erkläre ich ihm, dass es eine krankhafte, eingebildete Eifersucht gibt und eine ganz normale, wenn jemand Angst hat, den Menschen an seiner Seite zu verlieren. Und dass diese Eifersucht eine angeborene menschliche Reaktion ist und die totale Freiheit in der Beziehung eben nicht für jeden taugt…«

Die offene Ehe. Der Versuch, Freiheit und Ehrlichkeit in das verwirrende Spiel von Liebe und Sex, Versuchung, Verlangen und Erliegen zu bringen. Das Mittel gegen Langeweile, gegen erzwungene Eintönigkeit. In Wohngemeinschaften wurde die offene Ehe probiert. Ich traf damals Inga und Wolf, Studentin, Physiker. Inga sagte: »Wir waren fünf Paare, lauter wirklich nette Leute. Wir wohnten in einer großen Altbauwohnung mit offenen, ineinandergehenden Zimmern. Wenn der Wunsch da war, sollte man auch mit jemand anderem schlafen können. Das ist auch vorgekommen. Es sollte sich ebendieser Besitztrieb nicht durchsetzen: Du gehörst mir und sonst niemandem.«

Wolf: »Vom Verstand her waren wir alle überzeugt, dass Eifersucht ein Gefühl ist, das keine Rolle mehr spielt. Ich habe es mir eingehämmert, jeden Tag, jede Nacht – ich bin davon krank geworden.«

Von diesem Paar gibt es nur noch die alte Tonbandaufzeichnung. Sie hatten sich gerade getrennt, als ich mit ihnen sprach. Sie kamen also in meinen Ehegeschichten nicht vor.

Aber ein anderes Ehepaar kam vor. Eines, das nach neun Jahren Probezeit geheiratet hatte. Diese beiden lebten in offener Ehe miteinander. Durchaus harmonisch. Ich schrieb das und erinnere mich, wie ich das Manuskript in der Redaktion ablieferte. Die Redakteurin las es und sagte: »Ist ja interessant. Und wie machen die das? Im Detail? Davon steht gar nichts drin.«

Ich muss zugeben, dass ich zu große Hemmungen gehabt hatte, so direkt nach intimen Einzelheiten zu fragen. Ich hatte nur geschrieben, dass sie, na ja, nichts voreinander verschweigen. Und so. Den Rest kann man sich doch denken, sagte ich.

Nein, erklärte die Redakteurin. Sie jedenfalls nicht. Sie schob mir das Telefon über den Schreibtisch zu. Das Manuskript war eilig, ich musste sofort in Köln-Bornheim anrufen. Nachfragen, was sie ihrem Mann so alles erzählt, und er ihr, und mit welchen Worten, und bitte ganz genau. Gaby, die offene Ehefrau, war am Apparat. »Sie meinen, wenn ich mit einem Lover im Bett liege und in dieser Nacht nicht mehr heimfahren will?«

Sie lachte fröhlich und zitierte dann genau den Dialog – den »üblichen Dialog«, wie sie sagt. »Ich sage ihm, dass es bei mir grade sehr schön ist, und dass ich erst morgen komme, und er soll sich keine Sorgen machen. Dann sagt er gute Nacht, mein Schatz, und ich weiß, dass er beruhigt einschläft. Weil er keine Angst haben muss, dass ich an einen Baum gefahren bin und irgendwo auf der Landstraße liege.«

Das habe ich dann geschrieben.

Wie gesagt, die beiden waren erst ein paar Jahre verheiratet, aber sie kannten sich schon lange.

»Ich bekomme in meiner Arbeit laufend Paare zugewiesen, die an der offenen Ehe scheitern«, sagte mir der Züricher Psychologe Jürg Willi, Verfasser sehr kluger Bücher über die Zweierbeziehung, dazu in einem Gespräch. »Ich habe noch kein Paar erlebt, bei dem das länger als zwei, drei Jahre für die Beteiligten gut funktioniert hätte. Verschiedene haben gesagt, zuerst war es faszinierend, dann ging es noch eine Weile gut, aber dann wurde es unerträglich.«

Immer?

Das Ehepaar Koplin im Jahr 1982: Sie lassen einander jede Freiheit

von Ursula Lebert

Montags Schwimmen, am Dienstag Kinderturnen. Mittwoch gibt Gaby keine Gymnastikstunden, und Manfred hat auch nichts anderes auf dem Programm, da sind sie beide abends meistens daheim. Donnerstag und Freitag wieder Gymnastik. Bleibt das Wochenende: Meist kommen Freunde zu Besuch, oder sie fahren mit Bekannten irgendwohin. »Die Zeit, in der wir zwei wirklich allein sind, die macht nicht mehr als ein paar Stunden in der Woche aus«, sagt Manfred Koplin, drückt seine Zigarette aus und sieht mich an. »Aber so wollten wir das. Wir wollen keine Ehe führen, in der wir sozusagen ein Herz und eine Seele sind und aneinander hängen wie die Kletten.« Manfred Koplin, 44, Leiter eines Rechenzentrums, und Gaby Koplin, 35, Sportlehrerin, haben einander vor acht Jahren bei gemeinsamen Bekannten kennengelernt. Zwei im Typ, im Wesen, in den Interessen höchst unterschiedliche Menschen trafen zusammen: er groß, breitschultrig, ruhig, ein bärtiger Bär, eher in sich gekehrt. Sie rotblond, lebhaft, gesellig.

Aber da war von Anfang an ein Gleichklang, wie Gaby es nennt: »Wir waren ja beide nicht mehr blutjung, wir hatten einige Erfahrungen hinter uns und eine große Scheu vor einer festen Bindung.« Sie lacht: »Eigentlich war bei uns die gemeinsame Angst vor der Ehe der Heiratsgrund...«

Von Heiraten war allerdings noch nicht die Rede, als Gaby zu Manfred zog. Sie wollten das Zusammenleben ausprobieren, und sie hatten ganz bestimmte Vorstellungen, wie es sein sollte – zwanglos vor allem. Ohne die morgendliche Frage, wann kommst du heute abend heim. Ohne »Rechte« und »Pflichten«. Ohne Besitzansprüche. Ohne Eifersucht. Wenn sie so in ihrer Umgebung Ausschau hielten: Vorbilder gab es da nicht gerade viele.

Im Rückblick sehen sie heute, dass es am Anfang hauptsächlich deswegen zu Schwierigkeiten kam, weil sie vor lauter Toleranz und Ja-nicht-Besitz-Ergreifen manchmal zuviel von sich verlangten. »Wir sind«, erinnert sich Gaby, »so gräßlich vorsichtig miteinander umgegangen. Einmal habe ich zu Manny gesagt, warum machst du es mir nicht leichter, indem du mir sagst, was du nicht willst, was dir nicht gefällt. Er meinte, er wolle mir nichts aufzwingen, mich nicht beeinflussen. Also, das war ja wohl etwas übertrieben. Heute reden wir ganz offen miteinander, wie uns der Schnabel gewachsen ist. Das haben wir erst lernen müssen.«

Manfred: »Oder damals, als du mich eigentlich dringend erreichen wolltest und nicht im Betrieb angerufen hast, damit ich nicht glaube, du willst mich kontrollieren. Das war auch übertrieben.« Sich zu lieben und dennoch zwischen sich eine Distanz zu halten, die Freiheit gewährt – das will geübt sein.

Seit dem 25. November 1975 sind Gaby und Manfred Koplin verheiratet. Der Steuer wegen, wie sie sagen. Mit ihrem schwarzweißen Kater wohnen sie in Bornheim bei Bonn in einem alten Bauernhaus, das sie selber renoviert haben. Sie sind immer noch nicht fertig mit dem Schreinern, Zimmern und Mauernhochziehen. Sie lieben dieses Haus, das für beide mehr ist als nur eine Wohnung: Inbegriff von Sicherheit. Und für Außenstehende mag es scheinen, als sei dieses Haus etwas, mit dem die beiden eine Art Zusammengehörigkeit zeigen wollen.

Gaby stellt den Kofferplattenspieler hinten ins Auto, dazu eine Schallplatte mit einem Melodienpotpourri.

Vorbereitung für die Gymnastikstunde. Heute abend von acht bis halb zehn findet im Turnsaal Witterschlick, einer kleinen Gemeinde, der Gymnastikkurs »Rhythmische Bewegung« unter ihrer Leitung statt. Es ist ein Kurs der Volkshochschule Bornheim. Gaby hält regelmäßig nachmittags und abends Kurse in den Dörfern der Umgebung ab: Schwimmen, Gymnastik, Kinderturnen. Neben ihrer Volkshochschultätigkeit gibt sie in einem privaten Klub Tennisunterricht. Sie mag sich gern bewegen, anstrengen, sie hat kräftige Arme und Beine und schmale Hüften.

»Manny sucht sich dann was im Kühlschrank«, sagt sie, »wenn er spät heimkommt.« Meistens hat er abends auch etwas vor. Er singt in einem Chor, Folklore und Madrigale. Er ist überhaupt sehr musikalisch. Gaby leider gar nicht. Vielleicht geht er auch aus, ins Kino, zum Essen, irgendwohin mit Freunden. Sie sagt: »Ich frag nie, wo er an diesen Abenden gewesen ist. Manchmal sagt er, ich war bis um eins in der Firma, weil eine Rechenmaschine ausgefallen ist. Ja, dann war das auch so. Warum sollte er mich anlügen? Oder ich ihn?«

Im Lauf unserer Gespräche während meines Besuchs sagt Manfred Koplin einmal: »Wir haben keine Geheimnisse voreinander.« Gar keine?

»Nein«, sagt Gaby. »Wir schlafen mal mit jemand anderem, ich tu das und er auch. Meistens erzählen wir es uns. Nicht immer, es besteht keine Pflicht – aber wenn es schön war, dann möchte ich es erzählen. Es kann auch passieren, daß einer von uns eine Nacht nicht nach Hause kommt. Wir versuchen dann, uns Bescheid zu sagen, damit der andere sich keine Sorgen macht. Denn wenn er nicht heimkommt, sitze ich nicht zu Hause und komme mir verlassen vor, weil er sich amüsiert, sondern ich habe Angst, daß er vielleicht einen Autounfall gehabt hat.« Sie sagt: »Ich bin nicht eifersüchtig, war es nie. Manny hat es wohl etwas schwerer, er kontrolliert sich mit dem Verstand. Aber er sagt, daß man lernen kann, mit seiner Eifersucht fertig zu werden.« Einer gesteht dem anderen ein Maß an Selbständigkeit zu, das gewiß nicht alltäglich ist. Dazu gehört auch, daß Gaby dreimal in der Woche nach Köln fährt und dort in der Fachhochschule für Kunst und Design ein paar Stunden Modell steht. Bilder von Gabys Akt hängen im Koplinschen Wohnzimmer an der Wand. Sie tut das gern, sagt Manfred, sie kennt viele Leute dort. Schüler, Professoren, warum also soll es ihm nicht recht sein?

Gabys jüngere Schwester studiert an dieser Schule, sie selbst schwankt immer wieder zwischen Sport und Kunst, vielleicht wird sie noch ein Studium beginnen, eines Tages. Ihr Mann wird ihr bestimmt nichts in den Weg legen. Acht Jahre leben sie nun schon zusammen. Fürchten sie nie, sich einmal bei aller Freizügigkeit zu verlieren?

»Nein«, sagt Manfred, »das glaube ich nicht. Ich glaube nicht, daß einer von uns die Basis unserer Ehe verläßt.« Gaby sitzt auf dem Sofa und hält den schwarzweißen Kater auf dem Schoß. »Verlieren? Ich habe nicht das Gefühl, daß ich etwas verliere oder daß mir etwas genommen wird, wenn mein Mann sich für eine andere Frau interessiert. Aber ich möchte gerne wissen, was ihn an dieser anderen Frau interessiert.«

»Ich möchte das umgekehrt nicht wissen«, sagt Manfred. »Ich schon. Da ist eine gewesen, ein Mädchen, das fand ich fürchterlich langweilig. Dann hab ich herausgefunden, daß ihn gerade das gereizt hat – daß sie unheimlich zu ihm aufsah. Das tu ich ja nun nicht...«

Sie lächelt zu ihm hinüber. »Zu einer Krise hat es nicht geführt. Ich weiß nicht«, gesteht sie, »ich fühle mich eigentlich ziemlich sicher.«

Das Ehepaar Koplin im Jahr 2002: Ist die offene Ehe gescheitert?

von Stephan Lebert

Sie sind noch zusammen.

Es ist Sonntag, und drei Menschen sitzen um den Küchentisch. Gaby Koplin, 57 Jahre alt, Manfred Koplin, 66 Jahre alt, und Tochter Susanne, 17.

Gaby Koplin sagt, die Tochter sei im Grunde nicht vorgesehen gewesen in dem Modell Ehe, das sie beide leben. »Aber dann war ich eben schwanger auf einmal, und ich wusste, ich will das Kind auf jeden Fall.« Manfred Koplin sagt, er war zunächst eindeutig dagegen. »Das war mir alles zu eng, hat überhaupt nicht in meinen Lebensplan gepasst.« Sie hätten dann eine Abmachung getroffen: »Ich schaue mir die Sache mal an, aber wenn mir die Familie zu viel wird, kann ich gehen, auch für immer, wenn's nicht anders geht.« Er sagt, es sei dann anders gekommen: »Man hat sich dann doch sehr schnell an die da gewöhnt.« Er lächelt dazu, betont bärbeißig. Man merkt: Da stellt einer seine raue, harte Schale gerne zur Schau. Nun ja. Es hat immer etwas Absurdes, wenn Eltern davon erzählen, dass sie damals eine Abtreibung diskutiert haben – und das Kind sitzt daneben, lebendig, eine große Person. Nicht vorstellbar, dass sie nicht existierte. Es gäbe vermutlich kaum eine wirksamere Kampagne gegen Abtreibung: Man müsste nur Menschen zeigen, Kinder, Jungen, Mädchen, mit ihrem Alltag, ihren Sorgen, ihrem Glück. Und am Ende des Spots würden sie gelöscht. Einfach weg. Hat es nie gegeben.

Susanne Koplin erzählt, dass sie vor ein paar Tagen ihrem Freund den *Brigitte*-Artikel von damals zu lesen gab, von den lockeren sexuellen Sitten ihrer Eltern. Er war schon ein wenig schockiert, glaubt sie, »aber besonders auch nicht«. Sie ist ein hübsches Mädchen, schmal, lange, blonde Haare, ein bisschen der Typ Sarah Connor. Was denkt sie denn über das Thema Treue? Ist das in ihrer Generation überhaupt ein besonderes Thema? »Klar«, sagt sie, »das ist es doch immer. Alle sagen immer, dass sie supertreu sind, dass Treue das Allerwichtigste ist, aber das ist nicht die Wahrheit, da wird irre viel gelogen.« Und sie? »Ich denke vielleicht nicht ganz so krass wie meine Eltern, aber schon in die Richtung.«

Gaby Koplin sieht zehn Jahre jünger aus. Sie gibt inzwischen hauptberuflich Tennisunterricht und spielt Tennis im Verein sowie in der Nationalmannschaft der Seniorinnen. Die letzte Weltmeisterschaft fand in Sidney statt, da haben sie erst im Finale gegen die USA verloren. Sie erzählt, dass der Artikel ihr damals einigen Ärger eingebracht hat, in der Volkshochschule, wo sie Gymnastikkurse für Kinder gegeben hat. Da waren tatsächlich Leute, sagt sie, die meinten, eine Frau mit solch losen Sitten dürfe man nicht auf Kinder loslassen. Mit der Zeit habe sich das dann aber gegeben, auch als herauskam, dass der Leiter der Schule, ein Familienvater, eine Affäre mit jemand vom Haus hatte. Gaby Koplin erzählt das belustigt, gestresst habe sie die Diskussion auch damals nicht. Die wilde Gaby: Das ist ein Bild, mit dem sie gerne lebt. Beim letzten Karneval hat sie sich als leichtes Mädchen verkleidet, und als der Umzug an ihrem Haus vorbeikam, saß sie lasziv im Fenster. »Das hat sehr viel Spaß gemacht.«

Manfred Koplin ist in Rente, vorgezogener Ruhestand, schon seit ein paar Jahren. Er hat diesen Job, Leiter des Rechenzentrums, noch bis weit in die Neunzigerjahre gemacht. Doch dann wurde eines Tages seine Firma an einen US-Konzern verkauft, der dem Milliardär Ross Perot gehört, diesem spitzohrigen Mann mit der Micky-Maus-Stimme, der schon zweimal vergebens versucht hat, Präsident der Vereinigten Staaten zu werden. Zunächst hieß es, kein Mitarbeiter müsse sich Sorgen machen, kein Arbeitsplatz sei gefährdet. Koplin sagt, als Erstes musste jeder bestimmte graue Anzüge tragen, wie so eine Uniform, die Amis wollten das, »wir sahen alle so albern aus«. Stimmungsmäßig wurde es immer schlechter. Dann fragte man ihn, ob er vielleicht auch nach Kopenhagen gehen würde oder in die USA. »Nee«, hat er geantwortet, »ich bin Kölner und das bleibe ich auch.« Und irgendwann ist Manfred Koplin dann selbst zu seinen neuen Chefs gegangen und hat gesagt: »Lasst uns Schluss machen, lasst uns eine Regelung finden.«

Heute fährt er Taxi. Immer nur nachts. »Ich mag das, man ist sein eigener Herr, und man lernt interessante Leute kennen.« Er wollte auf jeden Fall noch was tun, bis heute ist das so, sagt der 66-Jährige, aus finanziellen Gründen. Der Rollenwechsel vom Chef zum Taxifahrer habe ihm überhaupt keine Probleme bereitet. »Ich habe keinen Standesdünkel, ich kenne das gar nicht.« Koplin sagt auch, wer heutzutage wirklich Arbeit haben will, bekommt welche, »aber notfalls muss er sich auch nicht zu schade sein, Autos zu reparieren«.

Manfred Koplin: Die Beschreibung von damals, er wirke wie ein großer, breiter Bär, trifft noch heute auf ihn zu, der Bär ist noch etwas breiter, grauer, ja, ruppiger geworden. Als ich an diesem Sonntagnachmittag an der Tür läute, öffnet er, Jeans, weiter Pullover, und blickt mich zunächst etwas unwirsch an, nach dem Motto: Was will denn der jetzt? »Ach«, sagt er dann, »ja, ja, meine Frau hat was gesagt.« Die ersten beiden Stunden des Gesprächs ist er nicht dabei, »ich habe zu tun«, er muss das Auto packen, es geht am nächsten Tag nach Portugal, das Ferienhaus dort haben sie noch. Er fährt mit einem Freund, »den ich schon seit 50 Jahren kenne, von den Pfadfindern damals«. Tochter und Ehefrau kommen später, wenn die Schulferien angefangen haben. Er bleibt jedenfalls ein paar Wochen. Wie lange genau? »Mal sehen.«

Das wiederholt sich den ganzen Nachmittag: Manfred Koplin ist immer eine gute halbe Stunde draußen, dann kommt er herein, zieht die Unterhaltung an sich, erzählt lebendig, interessant, mit der Tendenz zum Monolog. Die Sitzecke gehört zur geräumigen Wohnküche. Die Getränke – Sprudel, Apfelsaft – stehen auf dem Schrank. Wer etwas will, steht auf und schenkt sich nach, die Flaschen kommen nicht auf den Tisch.

Gaby Koplin sagt: »Mein Mann ist kein einfacher Mann, das kann man ja sehen.« »Das kannste laut sagen«, ergänzt die Tochter mit leicht theatralischem Augenaufschlag, »du bist ja viel weg, und alleine mit ihm ist es manchmal schon schwer.« Sie sagen dies, als er gerade mal draußen ist, aber das ist Zufall, sie würden es auch in seinem Beisein sagen, klar. Nein, geschont wird im Hause Koplin niemand.

Nach dem Gespräch fährt sie mich von Bornheim zum Flughafen Köln-Bonn, in ihrem schicken gelben Sportwagen, Mercedes, Zweisitzer. Die mondäne Frau da am Steuer, blond, Sonnenbrille, gelber Freizeitlook, und der knurrige Mann drinnen am Küchentisch – das Glückspaar, lebenslang? Es ist ein Gemeinplatz, dass man von außen in Menschen nicht hineinschauen kann und schon gar nicht in Beziehungen, in das komplizierte Geflecht, das Mann und Frau oder Frau und Frau oder Mann und Mann, je nachdem, miteinander knüpfen. Meist wissen sie es selbst nicht, wo der tragende Teil dieser Konstruktion ist. Auch deshalb sind Ratschläge, wie sich jemand in einer Beziehung unbedingt zu verhalten hat, ein hoffnungsloses Unterfangen.

Eine Freundin hat mir mal erzählt, dass sie als

20-Jährige einen Freund hatte, mit dem sie schon einige Jahre eine Liebesbeziehung hatte, der ihr an Silvester plötzlich mitteilte, er würde das kommende Jahr mit ihr keinen Sex haben wollen. Er liebe sie, aber bitte keinen Sex. Sie wunderte sich, akzeptierte aber. Auch am nächsten Silvester sagte der Freund ihr wieder, er liebe sie, wolle aber auch nächstes Jahr keinen Sex zwischen ihnen. Alle Freundinnen rieten ihr, sich von dem Mann zu trennen, das habe doch keinen Sinn. Sie aber setzte weiter auf ihn: Aus den beiden wurde ein über Jahrzehnte ziemlich glückliches Ehepaar.

Gaby Koplin sagt, sie habe bei Manfred relativ rasch gemerkt, der ist was fürs Leben. Sie wusste, der lässt sie in Ruhe, will sie nicht ändern, ist ein unabhängiger Mensch, der ist belastbar, den wirft so schnell nichts um. »Wissen Sie, mein Vater war ein Klammerer, der hing immer an meiner Mutter dran, der konnte ohne sie nicht sein, das war schrecklich.« Ihre Beziehung vor Manfred habe sie ein wenig an die Ehe ihrer Eltern erinnert: »Das war so etwas wie die große Liebe, verbunden mit viel Leidenschaft. Er war ein Türke, ein ganz lieber Kerl. Aber er ging mir nicht von der Seite, schaute immer mich an, als würde er auf etwas warten. Ich dachte mir, mit dem das ganze Leben? Da werde ich verrückt, das wollte ich nicht.« Einige Jahre später, erzählt sie weiter, sind sie sich noch mal begegnet.

»Und das Gefühl war noch da, meine Güte. Wir sind gleich wieder zusammen in die Kiste gegangen. Das war schön. Aber dann war es auch wieder gut. Nee, das wäre nichts gewesen.« Man kann es sicher so sagen:

Die offene Ehe, wie beispielsweise die Ehe der Koplins, ist nicht gerade zeitgemäß, sie ist gescheitert. Es war der Versuch, ein Dilemma, das so viele angeht, aufzulösen: Einerseits findet man den einen Partner toll, andererseits sind neue Begegnungen auch was Nettes. Ehrlicher sollte das Leben werden durch eine kühle Betrachtungsweise: Lass dir nichts entgehen. Mach, was dir gefällt, ich mache es auch. Und lass uns danach drüber reden. Nur hat man dabei leider vergessen, dass Liebe doch auch viel mit Irrationalität zu tun hat. Mit dem magischen Moment, den man spürt, dass der andere regelrecht leuchtet, wenn er einen sieht. Und dass dieses Leuchten rasch verglimmt, wenn es zu kühl, zu rational geworden ist zwischen den beiden. Damals war es Mode, die große, langjährige, treue Liebe für etwas Absurdes, Unhaltbares, ja, auch Verlogenes zu halten. Heute hat sich das Klima geändert. Das Ideal der Gesellschaft ist wieder die große Liebe, das stille Bild der glücklichen Zweierbeziehung, ergänzt durch den Satz: Familie ist das Allerwichtigste.

Nichts dagegen einzuwenden – nur kommt man manchmal aus dem Wundern gar nicht mehr heraus. Uschi Glas gibt jahrelang ein Interview nach dem anderen, in denen sie über das Geheimnis ihrer wunderbaren Ehe spricht – bis dann alles zusammenbricht. Gerhard Schröder war nur wenige Wochen vor dem Kollaps seiner Ehe zusammen mit Hillu in einer Talkshow, in der es ausschließlich um das eheliche Glück ging. Da ist die Frage erlaubt: Hätte man diese eine Vorstellung nicht besser gelassen?

Ich erinnere mich an ein Abendessen vor einiger Zeit, eine nette Runde mit zwei jungen Frankfurter Rechtsanwälten, beide um die 30, die verheiratet waren und Kinder hatten. Beide schwärmten derartig von ihrem privaten Glück, wie wunderbar alles sei, wie großartig die schöne Gattin, wie süß die Kinder, dass ich zwangsläufig am eigenen kleinen Glück wenigstens kurzfristig zu zweifeln begann. Nun, man ahnt wohl, worin die Pointe liegt: Nur wenige Monate später waren die Ehen der beiden Rechtsanwälte gescheitert, zufällig hatten beide phasenweise sogar dieselbe Geliebte. Und im Rückblick stellte sich heraus, dass zum Zeitpunkt jenes Abendessens längst das private Grauen geherrscht hatte. Es ist ja nun einmal so, dass Familien meistens erst nach einigen schweren, immer wieder durchstandenen Krisen endgültig explodieren und nicht von heute auf morgen.

Der Schweizer Psychologe Jürg Willi klagt, dass die Menschen von heute oft nicht mehr wissen, nach was wir uns in der Liebe sehnen. Aber kann es sein, dass genau deshalb ein manchmal süßlicher und immer romantisch schillernder Nebel versprüht wird, hinter dem alles irgendwie eins wird, sogar die große Poolliebe von Rudolf Scharping? Der neue Mythos heißt privates Glück, und der kann eine Menge vertragen, ein bisschen Lug und Trug allemal, nur eines nicht, eine Frau, die sagt: »Ja, ich gehe fremd, und mein Mann weiß es.«

Das kleine Städtchen Bornheim. Ein paar tausend Einwohner. Das Häuschen der Koplins liegt gleich an der Hauptstraße. »Hier hat sich seit damals, als Ihre Mutter da war, kaum etwas geändert«, sagt Manfred Koplin. Es hat etwas von einem Hexenhäuschen, voll ist es da drin, unzählige Bilder an den Wänden, verwinkelte Treppen, enge Stufen hinaus in den zugewachsenen Garten, überall Erinnerungsstücke, jedes freie Stück Abstellfläche auf Schränken und Tischen wird genützt, Zeitschriften, Zeitungen, viel Kram. Er sagt, die Menschen teilen sich in zwei Gruppen auf, die Wegwerfer und die Sammler. »Und wir Koplins sind eindeutig Sammler. Wir sammeln alles.«

In der Wohnküche hängen einige Katzenbilder, mal sind es Fotos, mal Gemälde. Jede Katze der Koplins wurde verewigt, darunter Fritz, Jimmi und der schwarze Phantomas. »Der hieß so«, sagt Manfred Koplin, »weil ein Fremder ihn nie zu sehen bekam. Erst wenn der weg war, tauchte auch er wieder auf.« Katzen, Hunde – die Deutschen und ihre Tiere. Als ich anfing nachzuschauen, wie es den Ehepaaren nach all den Jahren so geht, hatte ich nicht erwartet, dass mir vor allem Erinnerungen an Haustiere begegnen würden. Manchmal habe ich den Eindruck, als hätten die Menschen in ihrem Alltagsspiel ihren Tieren eine bestimmte Rolle zugewiesen, die für eins gut sein soll: die wacklige Balance der Zweibeiner zu stabilisieren.

Lassen sich Deutsche mit Tieren eigentlich weniger scheiden als Deutsche ohne Tiere?

Gaby Koplin sagt, früher habe sie häufig gespürt, dass sich die Leute schon sehr gewundert hätten, wie sie so ihre Ehe leben. Aber nun, nach den vielen Jahren, nach den vielen Trennungen von Bekannten und Freunden, denke sie, dass die Achtung gestiegen ist, »weil viele doch die Widersprüche sehen und erlebt haben, die zu einer Ehe eben gehören. Und dann sagen sie: Vielleicht ist es gar nicht so schlecht, wie die Koplins das machen.«

Manfred Koplin sagt, die Basis ihrer Beziehung sei, »keiner von uns glaubt, dass der andere ihm gehört. Wir leben zusammen, weil wir das mögen, das hat auch viele praktische Gründe. Aber jeder lebt sein Leben. Wenn ich morgens aus dem Haus gehe, fragt sie nicht, wann ich abends heimkomme. Und umgekehrt. Das funktioniert bei uns ganz gut.« Aber eins sei natürlich sehr wichtig gewesen, sagt er: »Ich war 39, als ich geheiratet habe, und meine Frau war auch kein Teenager mehr. Ich habe andere Beziehungsmodelle auch versucht zu leben. Wir hatten beide unsere Erfahrungen gemacht, wir wussten, wie wir ticken.« Als ganz junger Mann hätte er so auch nicht leben können. »Da hätte mich unser Konzept sicher überfordert.« Aber heute sei er überzeugt, man dürfe nicht alles auf einen Menschen konzentrieren, das könne nicht gut gehen.

War bei all ihren Affären mal jemand dabei, in den sie sich verliebt hat, der zur Gefahr für die Ehe wurde? Nein, sagt Gaby Koplin, nie. Einmal habe es Ärger gegeben, »da hatte ich was mit einem von unserem Tennisverein. Der hat sich ein bisschen zu viel erwartet. Und auch zu viel herausgenommen. Der redete plötzlich schlecht über meinen Mann, in der Art: Leute, dem seine Frau habe ich auch schon flachgelegt. Da habe ich die Sache mit ihm sofort beendet.« Sonst noch Ärger? Sie überlegt. Na, der Manfred hatte mal eine Geliebte, die ihn richtig ausgenützt hat, »da konnte ich überhaupt nicht zuschauen«. Manfred sitzt am Küchentisch und lächelt. »Ja, ja, irgendwann habe ich das dann auch geschnallt. Aber oft ist es eben so, dass es einem nichts nutzt, wenn es ein anderer sagt. Man muss selbst draufkommen.«

Während der Autofahrt sagt Gaby Koplin später noch, na ja, mit den Jahren werden die Affären auch weniger. Wenn sie so überlege, das letzte Techtelmechtel mit einem Mann liege schon ein paar Jahre zurück. In letzter Zeit habe sie sich allerdings der einen oder anderen Frau zugewandt. »Meine letzten Affären waren alle weiblich. Ist das Zufall? Ich weiß es wirklich nicht.«

Welche Klammer hält Paare zusammen? Was sind die Bande, die Menschen aneinander fesseln? André Gide hat einmal geschrieben: »Das Geheimnis fängt an, wenn alle Geständnisse abgelegt sind.«

Vielleicht spielt bei den Koplins das Haus eine stabilisierende Rolle. Es war eine heruntergekommene Bruchbude, als sie es kauften. Sie haben selbst gemauert, selbst getischlert, selbst renoviert. Dazu das Haus in Portugal. Auch da hängt viel Geld und Herzblut dran. Gaby Koplin zeigt Fotos. Ein schönes weißes Haus. Strahlend blauer Himmel, das Meer in Sichtweite. Man sieht die Koplins. Auch eine ältere, weißhaarige Frau. »Meine Mutter«, sagt sie. »Da war sie noch fit, bis vor wenigen Jahren. Dann begann die Krankheit, Alzheimer, nach und nach vergaß sie die Welt.« Heute lebt sie in einem Pflegeheim nicht weit weg von Bornheim. »Wenn ich sie besuche«, sagt Gaby Koplin, »sehe ich nicht mehr meine Mutter. Da sitzt ein anderer Mensch.«

Was hält sie zusammen?

Gaby Koplin erzählt von dem Preis für ihre Art zu leben. Sie erzählt es gar nicht wehleidig, sondern fast nüchtern: So ist es. Manfred Koplin ist gerade wieder draußen, Auto packen. Sie sei schon oft sehr einsam. »Manchmal sitze ich hier abends alleine und muss an den Comic denken, wo eine einsame Frau im Sessel sitzt und sagt: ›So 'ne Single-Party hat auch ihre Nachteile.‹« Sie sei ja eher der Clownstyp, versuche es mit Humor zu nehmen, aber manchmal kann man es nicht weglachen. In solchen Momenten hätte sie schon gerne jemanden, der ihr nahe ist. »Aber natürlich weiß ich, dass das nicht geht. Ich kann nicht einerseits jemanden wollen, der mich in Ruhe lässt, und andererseits jemanden, der mir ganz nahe ist. Das sind die Schattenseiten der Freiheit.« Aber: Solche Augenblicke vergehen, auch wenn sie mit den Jahren häufiger werden.

Es besteht also die Gefahr, dass zwei Menschen in ihrer Distanz, auf die sie immer so großen Wert gelegt haben, sozusagen versteinern. Ich frage Manfred Koplin nicht, ob er diese Gefahr auch sieht. Aber ich höre ihn richtig darauf antworten. Ein bisschen zu laut, ein bisschen zu grummelig. Klar besteht die Gefahr, aber die Gefahr besteht doch immer bei Menschen, oder etwa nicht?

Eigentlich würde seine Biographie zu einem Menschen passen, der große Verlassensängste hat. Der Vater, an den er heute überhaupt keine Erinnerung hat, war im Krieg gefallen. Und in den Kölner Bombennächten wurde das Haus der Koplins schwer getroffen. Manfred war woanders untergebracht worden, aber die Mutter war drin gewesen. Dieses Bild sieht er bis heute vor sich: Das Haus war nach dem Luftangriff völlig verschüttet, und der Schutt war heiß, denn in dem Haus war auch der Kohlenkeller, und der hatte zu brennen angefangen. Die Helfer buddelten, der kleine Manfred sah zu. Die Wärme des Schutts spürt er auch fast 60 Jahre danach noch. Seine Tante konnte gerettet werden, die Mutter war tot. Ein Trauma für ihn? »Ach was«, sagt der alte Koplin, »und ich kann Ihnen auch sagen warum nicht. Meine Großmutter war eine sehr starke Frau, und sie wurde meine Bezugsperson, sie war es vorher auch schon.« Sie war nicht nur stark, die Großmutter, sondern auch streng. »Ohohoh, wenn du da nicht gespurt hast, beim Helfen im Haushalt etwa, da war was los. Da ist auch schon mal ein Messer durch die Küche geflogen.«

Wer weiß das schon, was einen am meisten geprägt hat.

Jürg Willi hat eine Vision von einer gelungenen Ehe. Von einer glücklichen würde einer wie er nicht sprechen wollen. Wenn sich zwei Partner immer wieder auch nach langer Zeit der Gemeinsamkeit anschauen und sich fragen: In welcher Phase der Beziehung sind wir gerade, und wohin sollen oder müssen wir uns entwickeln, korrigieren – und zwar gemeinsam? Die Ehe: ein ständiger Veränderungsprozess.

Die Koplins sind einen anderen Weg gegangen. Sie haben das »Wir« ersetzt durch ein »Ich plus Ich«. Zwei Ichs, die sich im Alltag aufeinander verlassen können.

Ich habe an diesem Nachmittag viel gehört. Nur ein Wort so gut wie gar nicht: Liebe.

Bedeutet das etwas?

Ein Treffen mit Karl Herbert Mandel im Jahr 2002: Erinnerungen eines Psychotherapeuten

von Stephan Lebert

Gibt es das auch, dass jemand mit den Jahren irgendwie leichtfüßiger wird? Als würde er jetzt versuchen, von allem Schweren endlich wegzulaufen.

Karl Herbert Mandel rückt das beabsichtigte Thema unseres Gesprächs bei unserem ersten Telefonat schnell von sich weg. Ob ich den Simon Schott kenne, den Barpianisten vom Münchner Nobelhotel »Vier Jahreszeiten«? Nein? »Das ist ein liebenswerter Mensch. Der hat in den Fünfzigerjahren in der berühmten ›Harry's New York Bar‹ in Paris gespielt. Sie wissen, in den Zeiten von Humphrey Bogart. Der spielt so anrührend Klavier, bis heute.« Und fährt fort: »Wenn Sie mal in München sind, müssen Sie unbedingt zum Schotti gehen, der fängt jeden Tag Punkt 17 Uhr zu spielen an...«

Ich habe ihn angerufen, um von ihm zu erfahren, welche Bilanz man ziehen kann, wenn man 40 Jahre Psychologe war. Einer seiner Schwerpunkte war die

Paarbeziehung. Damals, vor 30 Jahren, als die *Brigitte*-Geschichten erschienen, war er einer von denen, die sich gegen den scheinbar so liberalen Zeitgeist stemmten, weil er bereits ahnte, dass Liebe und grenzenlose Freiheit vielleicht gar nicht so toll zusammenpassen. Und heute? Sieht er eine Entwicklung? Hat er eine Art Katalog, in dem steht, welche Fehler Frauen und Männer unbedingt vermeiden sollten? Hat er, positiv gesehen, Tipps, Erfolgstipps? 40 Jahre Beschäftigung mit den Seelen von anderen: Hinterlässt das Spuren?

Am nächsten Tag ruft Mandel bei mir an. Dieser Simon Schott habe auch ein Buch geschrieben, über seine Kriegserinnerungen: *Kriegserlebnisse eines außerirdischen Barpianisten.* Er habe das Buch schon ein paar Mal gelesen und könne es bald auswendig. Er sagt, wie ergreifend und dennoch auch witzig das Buch sei, wie gut geschrieben, und meint dann: »Ich sag dem Simon Schott mal, er soll es Ihnen schicken. Das müssen Sie einfach lesen.«

Eine Unterhaltung mit Karl Herbert Mandel dauert meist etwas länger als geplant, weil er gerne springt. »Kennen Sie diesen Film, diese Szene, herrlich... meine Frau und ich erzählen sie uns immer wieder...«, er zitiert häufig, »von dem Kabarettisten Gerhard Polt gibt es den Satz..., wunderbar...« Er sagt, diese leicht epische Breite erlaube er sich jetzt in seinem Alter, das sei ein großer Luxus. Ja, und natürlich das Thema Musik, seine große Leidenschaft. Er hat mit 54 angefangen Klavier zu spielen, »und ich habe sogar eine gewisse Begabung, überraschenderweise«. Im Übrigen liebe er ganz viele verschiedene Arten von Musik, von Bossa Nova bis Beethoven, von Chopin bis Gershwin.

Einsilbig wird er nur, wenn man das Thema Psychologie anspricht. Bitte, Herr Mandel, ob wir uns treffen, über seine Arbeit reden könnten? Nein, sagt Karl Herbert Mandel, dafür sei er der völlig falsche Mann. Er habe aufgehört, vor mehr als einem Jahr. Psychologie? Da wisse er nichts mehr, dazu könne er gar nichts mehr sagen. »Wissen Sie, ich beschäftige mich nur noch mit Musik, das ist wunderbar.« Er denke heute, dass er sich mit der Psychologie das falsche Fach ausgesucht habe, »Psychologie war vielleicht die falsche Entscheidung für mich«. Das klingt ein bisschen eitel, wie er das sagt, er, der ausgezeichnete Therapeut. Aber vermutlich ist es das gar nicht. Da hat einer nur vor kurzem angefangen, wegzulaufen vom tiefen Ernst seiner langjährigen Praxis. Wie wenn ein pensionierter Workaholic feststellt, dass das Leben doch noch andere Dinge zu bieten hat, die bislang zu kurz gekommen sind. Unser Treffen findet einige Wochen später in München statt. Es beginnt mit einem Mittagessen im »Franziskaner«, im ersten Stock des Restaurants ist nicht viel los, wir können uns den Platz aussuchen. »Mehr in die Mitte oder mehr in die Ecke?«, fragt er. »Mehr in der Ecke«, sagt er, »bedeutet, man ist der Typ Bär, jemand, der sich gerne eine Höhle baut, sich abgrenzt.« Wir setzen uns ganz in die Ecke.

Mandel ist Jahrgang 1938. Gut erhalten für sein Alter. Schmales Gesicht, schlank, längere, wellige graue Haare. Mantel, Schal, eine Art Bauernweste.

Wenn man ihm schmeicheln möchte, könnte man sagen, er habe eine gewisse Ähnlichkeit mit dem älteren James Stewart.

Der Tafelspitz ist bestellt, und der Psychologe im Ruhestand erzählt von seiner Arbeit. Von einigen seiner Patienten. Drei- bis viertausend waren es wohl über die Jahre, mindestens. Am Anfang seiner Karriere behandelte er häufig Juden, die den Holocaust überlebt hatten, die der Lagerhölle oft in letzter Sekunde entkommen waren – und die immer wieder von diesen grässlichen Erinnerungen eingeholt wurden. Bei einem, sagt Mandel, einem sehr netten Mann, war es besonders schlimm. Der hatte wahnsinnige Albträume und Angstzustände, die alten Bilder kamen immer wieder hoch. Einmal nach einer besonders aufreibenden Sitzung, als der Mann besonders eindringlich von seinen aktuellen Qualen berichtet hatte, fragte ihn Mandel, ob er ihn so einfach gehen lassen, ob er nicht doch noch irgendwas für ihn tun könne. »Darauf hat er mich angeschaut und hat gesagt, ja, ja, es geht schon, Herr Mandel. Ich halte das schon aus. Wissen Sie, der Mensch is a Tiger.« Mandel erzählt, einige dieser Münchner Holocaust-Überlebenden haben Händlerinnen vom Viktualienmarkt geheiratet, diese runden, patenten, bayerischen Frauen. »Das waren köstliche Paare.«

Rein psychologisch, sage ich, liegt die Schlussfolgerung wohl nahe: Diese Männer haben ihre verlorenen Mütter geheiratet.

Mandel verzieht das Gesicht. »Wie ich solche Sätze hasse, diese Art von Überpsychologisierung. Es gibt eine Form von Psychologie, die mit einem Stempel herumläuft, die alles einordnen oder in irgendwelche Schubladen stecken will. Ganz schauerlich.« Er sagt, er habe manchmal fast Angst vor der Psychologie, vor Kollegen, die allzu schnell mit Urteilen sind, bevor sie von den Seelen etwas begriffen haben. Nach seinem Eindruck sind dies öfter Frauen als Männer, »die gefühlsschwachen«, die sehr rasch ihre oft folgenschwere Diagnose stellen. Dies habe auch damit zu tun, dass manche Psychologen »eine Art Lebensneid« empfinden angesichts des Lebens von Patienten und diese dann härter betrachten und therapieren, als eigentlich gerecht und hilfreich wäre.

Patientengeschichten. Einmal hatte er eine sehr begabte Frau in Therapie, die viele Jahre lang unter schwersten Depressionen litt. »Wir kamen in der Behandlung nicht wirklich weiter, es drehte sich im Kreis.« Wenn es ganz schlimm wurde, fuhr sie ins Gebirge und ging zu einer bestimmten Stelle, von der man in eine tiefe Schlucht hinunterschauen konnte – und eben nicht nur schauen, sie stand da oben und rang mit sich, ob sie jetzt runterspringen soll. »Ich habe ihr mal geraten«, erzählt Mandel, »dass wenn sie da oben steht und es gar nicht mehr geht, soll sie beten, soll sie einen geliebten Angehörigen um Hilfe bitten. Die Frau war gläubig, und später hat sie erzählt, das habe in einem besonders entsetzlichen Moment funktioniert. Sie hatte eine verstorbene Tante angerufen.«

Diese Frau hat einen sehr netten Mann, der schrecklich unter ihrem Zustand litt, wenn sie wieder verschwunden war und niemand wusste, ob sie sich jetzt vielleicht umbringen wird. Als sie eines Tages von einer solchen Odyssee zurückkam, von oben bis unten verdreckt, als hätte sie sich irgendwo im Wald vergraben wollen, sah sie ihren weinenden, verzweifelten Mann, ging zum Telefon und rief Mandel an: »Ich muss Ihnen was erzählen, über das ich noch nie mit jemandem gesprochen habe.« Die Geschichte war dann im Grunde gar nicht so ungewöhnlich: Sie war als Kind von einem ihr unbekannten Mann überfallen worden, der aber, kurz bevor es zur Vergewaltigung kam, von ihr abließ. Sie hat nie jemandem etwas davon erzählt, aus Scham, aber die Bilder von damals haben sich in ihr verselbstständigt. Sie kamen immer wieder hoch, zogen sie hinab in die Depression, diese Erinnerung wurde ihr Trauma. Mandel trinkt einen Schluck alkoholfreies Bier und sagt, der Frau habe er dann letztlich helfen können. Vor ein paar Jahren habe er eine Methode erlernt, von einer Amerikanerin namens Shapiro, die solche Traumata heilen kann. Die geht so: »Schauen Sie mal meinen hin- und her laufenden Finger an, aber ohne den Kopf zu bewegen, nur mit den Augen.« Man könne das Hypnose nennen, oder eine Art Trance, in die man dadurch gerate: Zuvor werde der Patient angeleitet, sich in die Situation von damals hineinzuversetzen, sie noch mal mit allen Sinnen und Phantasien zu erleben. »Bei der Frau hat es funktioniert, ohne Rückfall, die war auf einen Schlag ihre Depressionen los.«

Anderen Menschen helfen. Mandel winkt ab. »Ja, ja,

manchmal gelingt das, mal mehr, mal weniger, vielleicht eher weniger.« Man tue gut daran, möglichst demütig bei diesem Thema zu sein. Er teile die Skepsis eines Paul Watzlawick, der gesagt hat, im Grunde können Psychotherapeuten maximal erreichen, dass Menschen, die bei jeder Situation sofort ein Problem sehen, einen anderen Blickwinkel wählen, »ein paar Millimeter weiter rechts«. Mandel erzählt, wie einmal eine ältere Frau vom Land in der dritten Stunde sehr zögernd und mit offensichtlich schlechtem Gewissen sagte: »Herr Doktor, es isch immer noch da«, das Leiden sei noch nicht weg. »Im ländlichen Raum«, sagt er, »haben die Leute eine durchaus gesunde Ungeduld. Wenn es nicht schnell hilft, geht man nicht mehr zum Arzt.«

Manchmal saß er mit Patienten in seiner Praxis und hörte einfach nur deren Geschichte an. »Manche Menschen müssen mit unglaublichen Dingen fertig werden, und ich habe am Ende oft nur sagen können, ich weiß nicht, ob ich das alles auch so tapfer ausgehalten hätte wie Sie.« Und manchmal, nach einer besonders schweren Stunde, blieb zum Trost nur ein bestimmter Witz, den er den Patienten erzählte: Im vorvergangenen Jahrhundert läuft ein schwäbischer Pfarrer Tag für Tag durch den Ort und erledigt seine Tätigkeiten und zieht hinter sich her ein Leiterwägele, in dem immer alles drin ist, was er so braucht. Dann geht das Wägele langsam kaputt, er geht zum Wagner und gibt ein neues Wägele in Auftrag. Nach vier Wochen fragt er das erste Mal, Antwort: noch nicht fertig. Nach drei Monaten zum zweiten Mal, der leicht genervte Handwerker sagt: noch nicht fertig, er melde sich schon, wenn es so weit ist. Nach bald einem Jahr sagt der Mann, Herr Pfarrer, das Leiterwägele ist fertig. Wunderschön ist es geworden, und doch kann sich der Pfarrer beim Abholen den Hinweis nicht verkneifen, dass der Herrgott für die gesamte Schöpfung nur sieben Tage benötigt habe. Da antwortet der Wagner: Aber, Herr Pfarrer, vergleichen Sie doch mal selbst, hier dieses wunderbare Leiterwägele – und da, na, die Schöpfung!

Mandel, der als Psychoanalytiker seine Karriere begonnen hat, sagt, natürlich sei es sinnvoll, in die eigene Vergangenheit zurückzugehen, »um sich selbst kennen zu lernen, man muss schon öfters in den Spiegel schauen, und dann muss man sehen, wer einen da anschaut, mit all den Schattenseiten, mit dem Mist, der auch in einem steckt. Die eigene Widersprüchlichkeit erkennen und leben.«

Es reicht nicht, wenn man irgendwas, irgendwer sein möchte. Da ist nämlich noch etwas, das durch die Gene und die Erfahrungen des Lebens entstanden ist: bestimmte Sehnsüchte, Ängste, Minderwertigkeitskomplexe, Fähigkeiten, Gefühle. Der Münchener Psychotherapeut Burkhard Peter formulierte, es gehe darum, die inneren und die äußeren Bilder miteinander abzustimmen, denn wer zu weit von sich entfernt lebt, wird Probleme bekommen.

Karl Herbert Mandel sagt, er halte nicht viel von einer Überbewertung der Kindheit, wenn behauptet wird, man könne nie korrigieren, was da früher schief gegangen ist. Nein, sagt er, wenn man sich zum Beispiel die Fälle von endogenen, also den laut Psychotherapiehandbuch genetisch bedingten Depressionen genauer ansieht, habe er fast immer festgestellt, dass diese Art der Depression in engem Zusammenhang mit aktuellen Lebenssituationen stehe. Er erzählt die Geschichte einer depressiven Bauersfrau, einer einfachen Frau, wie man so sagt. Er hat sie in der Therapiesitzung gefragt, ob es irgendetwas gebe, was sie richtig gern mache. Ja, sagte sie, Zeitung lesen, die Allgäuer Zeitung. Wie sie denn diese Zeitung lese, fragte Mandel. Vielleicht immer im selben Sessel? Nein, antwortete sie, während des Abspülens. Sie lege die Zeitung neben das Spülbecken, mache sie ein wenig nass und stelle Gläser drauf – damit ihre Schwiegermutter, wenn sie plötzlich hereinkommt, nicht sagen könne, dass sie schon wieder nichts arbeite. Erzählt Mandel und trinkt sein Bier.

Wir reden ein paar Stunden über unser Thema. Nein, er hat keine Tipps, keine Ratschläge für die gute Ehe. Jede Beziehung sei etwas ganz Eigenes, »kein Schema trifft es«.

Eheberatung? »Ist ein schreckliches Wort«, sagt Mandel, »was soll es bedeuten? Wie bei jeder anderen Therapie geht es im Kern um das Problem der Einsamkeit. Menschen fühlen sich einsam, in ihrer Beziehung, auf der Welt, ja, so ist das.«

Schwere Liebe, leichte Liebe. Mandel sagt, er habe in all den Jahren eine Kleinigkeit beobachtet, eine scheinbare Kleinigkeit. Es sei ziemlich wichtig, dass Menschen ihren Partner gerne anschauen. Dass sie ihm gerne zuhören. »Man muss die Stimme des anderen mögen, auch nach vielen Jahren, nach vielen Krisen.« Und dann hat er vielleicht doch noch einen Tipp, er lautet: durchhalten. Max Frisch hat in einem seiner viel beachteten Fragebogen gefragt, ob man im Angesicht einer krisenhaften Beziehung häufiger zur Trennung oder häufiger zum Festhalten geraten habe. »Ganz klar«, sagt Mandel, »ich habe immer eher zum Zusammenbleiben gedrängt. Manchmal geht das nicht, sicher, ich weiß es ja von mir.« Er lebt seit 20 Jahren in zweiter Ehe, »aber insgesamt war und bin ich der Meinung, dass es sinnvoller und gesünder ist man löst die Probleme in einer Ehe gemeinsam. Was natürlich in erster Linie bedeutet, dass jeder versucht, sich selbst besser kennen zu lernen und das mit dem anderen und dessen Veränderungsprozess austariert.« Ach, sagt Mandel, das höre sich jetzt schrecklich theoretisch an. Und fügt schmunzelnd hinzu: schrecklich psychologisch. Er mag das Wort »Psychologie« nicht mehr, vermutlich hat er es zu oft gehört. Eines aber, sagt er, sei ganz sicher, dies belegen alle Studien: Die Annahme, man komme mit den eigenen Schwierigkeiten besser alleine zurecht, ist in den meisten Fällen grundfalsch. »Es mag manchmal für einen Moment so aussehen, als wäre es allein bequemer. Aber dieses Gefühl ist in der Regel eine Falle.«

Es gab vor Jahren in den USA eine große Untersuchung, die die »gute Ehe« unter die Lupe nahm. Befragt wurden nur Paare, die mindestens 15 Jahre zusammen waren und beide Partner zu Protokoll gaben, sie würden den andern sofort wieder heiraten. Es stellte sich heraus, dass ein Merkmal dieser Ehen signifikant ist: Wenn sie sich über den Partner ärgern, und natürlich tun sie das auch, dann teilen sie dies dem Liebsten in der Regel nicht mit, warten einfach, bis es wieder vergeht. »Das hat mich gefreut«, sagt Mandel, »schon wegen vieler Kollegen, die immer dazu raten, dass man am besten alles ausdiskutiert, wenn ein Problem auftaucht. Nee, so ist es eben nicht, Gott sei Dank.« Kennen Sie das Gedicht von Hilde Domin, fragt er. Von den Worten, die nie aufhören anzukommen, die schwarzen Worte. Die bösen Worte.

»Obwohl«, sagt er und schüttelt den Kopf, »böse Worte manchmal auch dazugehören.« Er hatte mal in der Praxis ein ziemlich prominentes Akademikerpaar als Patienten. »Die haben sich so auf das Übelste beschimpft, derart ausfallend, dass ich eines Tages gesagt habe, bitte sucht euch einen anderen Therapeuten, ich halte das nicht aus. Aber eines war bei denen in Ordnung: Sie haben glaubhaft versichert, dass sie nach diesen Beschimpfungen oft sehr erfüllenden Sex hatten.« Mandel zitiert Hermann Hesse: Bei jeder Wahrheit stimmt immer auch das Gegenteil. »Ein sehr wichtiger Satz, gerade für uns Psychologen.«

Schwere Liebe, leichte Liebe. Irgendwann sitzen wir im Hotelfoyer und hören Simon Schott zu, dem Barpianisten. Weit über 80 ist er, er trägt einen schwarzen Hut, unter dem ein grauer Pferdeschwanz herausschaut. In seinem wirklich sehr schönen Buch *Kriegserlebnisse eines außerirdischen Barpianisten* hat er seine Kriegserfahrungen anhand von ein paar hübschen

Liebesgeschichten erzählt. Die Liebe ist eine Folie, die den Krieg abbildet und die Tragödien des Krieges noch tragischer macht.

Ich muss an unser Buch denken, an dieses hier. Ob man auch ganz anders an diese Fortsetzungsgeschichten hätte herangehen können? Irgendwie leichter, lustiger. Die Gespräche sind alle ein bisschen schwer geworden. Vielleicht lag es an mir, an meinen Fragen. Das Schöne ist oft banal, und wenn etwas sich über die Jahre ständig wiederholt, bleibt es immer noch schön, aber reden lässt sich nur schwer darüber.

Ich mag es, wenn ich im Halbschlaf höre, wenn er nachts nach Hause kommt.

Ich finde es schön, wenn sie beim Fernsehen immer sofort einschläft.

Ich mag es, wenn sie dauernd Pläne macht.

Ich liebe ihn, wenn er mir was vorliest.

Ich liebe sie, wenn ich nachts ihre Stimme am Telefon höre.

Vielleicht stehen von diesen Sätzen zu wenig in diesem Buch. Vielleicht muss man aber auch akzeptieren, dass sie besser zwischen den Zeilen stehen.

Irgendwann gehen wir dann durch die Maximilianstraße. Mandel redet noch mal davon, wie viel Spaß ihm die Beschäftigung mit der Musik macht, was für ein Glücksquell dies sei. Und er sagt, wie belastend manchmal sein Beruf für ihn gewesen sei. Jeden Tag die vielen Menschen mit ihren teilweise schwersten Problemen. Die vielen selbstmordgefährdeten Patienten. »Natürlich hatten die immer meine Privatnummer, konnten mich immer anrufen, wenn es wieder gar nicht ging.« Eine Frau hat sich umgebracht, nur eine muss man sagen. »Dass es nur eine war in den vielen Jahren ist Glück, nicht mein Verdienst.«

Die Frau, Mitte 50, litt seit vielen Jahren unter schweren Depressionen. Doch dann ging es ihr eine Zeit lang wieder besser. Sie hatte einen neuen Partner gefunden, alles schien einigermaßen in Ordnung zu sein. Dann wollten die beiden Söhne aus der geschiedenen Ehe zu Besuch kommen, die sie schon einige Jahre nicht mehr gesehen hatte. Sie war sehr aufgeregt gewesen. Ein paar Stunden vor dem Treffen kam der Anruf der Söhne: Sie kommen jetzt doch nicht, gehen für einige Jahre ins Ausland. Kurz darauf fuhr die Frau zu einer hohen Autobahnbrücke und stürzte sich hinunter. Die Polizei rief bei Karl Herbert Mandel an, »ich sollte es dem Partner beibringen. Ich weiß noch gut, wie er bei mir saß und geweint hat. Und ich am Ende mit.«

Der Job war oft schon eine große Last, sagt er. Zweimal saßen wild gewordene Ehemänner im Wartezimmer, die ihn mit einer Pistole bedrohten, weil er die Ehefrau angeblich gegen sie aufgehetzt hatte. »Diese Morddrohungen«, sagt er und muss lachen, »haben mich mehr belastet als die Selbstmorddrohungen.« Na ja, und aus all diesen Gründen würde er heute einen anderen Beruf wählen. Musik und Literatur studieren, und dann stelle er sich so etwas vor wie einen »Radiomoderator klassischer und anderer Musiksendungen«. Er muss nicht lachen. Er meint es ernst.

Das Ehepaar Reschke im Jahr 1972: Hier schaut niemand in Nachbars Kochtopf

von Ursula Lebert

»Da möchte ich nich jestorben leben«, sagt der Taxichauffeur, als ich ihm mein Fahrziel nenne. »Nee. Nischt wie Steine. Keene Gemütlichkeit.« Wir fahren durch den Berliner Wedding, am Kinderkrankenhaus, an der dürftig hinter Bäumen versteckten Nervenheilanstalt Wittenau vorbei. Im Norden wächst immer größer das Betongebirge ins Blickfeld, von dem die einen sagen, es sei eine der kühnsten Wohnideen Europas, ein geglücktes Experiment moderner Baukunst, und die anderen, es sei ein steinernes Ghetto: das Märkische Viertel. Wohnungen für 60 000 Menschen, Straßen, Brücken, weiß, knallgelb, zinnoberrot, die längste Fassade ist 750 Meter lang, 18 Stockwerke hoch. »Langer Jammer« nennen die Berliner mit ihrem bissigen Talent im Erfinden von Spitznamen dieses Gebäude. »Nee, nich jestorben«, wiederholt mein Chauffeur und verlangt 15 Mark für die Fahrt vom Zentrum Berlins bis hierher. Das Märkische Viertel erreicht man entweder auf so teurem oder auf umständlichem, stundenlangem Weg. Die

U-Bahn endet weit von hier. Irgendwann soll sie bis ins Märkische Zentrum verlängert werden, vielleicht 1978. Zur Zeit gibt es nur einen Omnibus, zweistöckig, die Linie 22.

»Reschke«. Es dauert eine ganze Weile, bis ich am Klingelbrett neben der Eingangstür zum Senftenberger Ring 76 das richtige Namensschild gefunden habe, zwischen 64 anderen Namensschildern. Erster Stock, äußerst links: Lothar Reschke, 28, Polizeibeamter, Brigitte Reschke, 23, Verwaltungsangestellte, seit dem 5. Juni 1970 verheiratet, Mieter einer Zweizimmerwohnung mit Eßecke und Fernheizung. Junge Ehe im Märkischen Viertel. Das bedeutet: zwei Personen in einem Wohngiganten, den der chinesische Architekt Chen Kuen Lee für annähernd 1500 Personen entworfen hat. Eine Art Felsmassiv aus aneinandergeschachtelten Türmen, 16 Stockwerken, einem Dutzend numerierter Eingänge, Hunderten von Balkonen, Tausenden von Fenstern.

Reschkes wissen nicht, wie viele Menschen es sind, die mit ihnen unter einem Dach wohnen, sie kennen kaum ein paar Gesichter, geschweige denn ihre Namen. Das herkömmliche Treppenhaus, Treffpunkt, Klatschzentrale, Kontaktmedium in alten Mietshäusern, fehlt. Es gibt zwar Aufgänge für Fußgänger, von jeder Etage aus über einen Balkon im Freien zu erreichen. Aber man benutzt sie nicht. Sie sind für den Notfall gedacht, wenn zum Beispiel der Aufzug nicht funktioniert. Hier fährt man nämlich Lift, auch wenn man im ersten Stock wohnt, wünscht sich mit fremdem Lächeln guten Tag, sieht sich kaum an dabei.

Das Ehepaar Reschke empfindet das nicht als negativ. Vielleicht deshalb nicht, weil beide das hautnahe Zusammenleben in jenen alten Mietshäusern sehr gut kennen, das berühmte »Milieu«. – »Hinterhöfe, sechs manchmal, keen Licht durchs Fenster, Wasser im Gang, Klo uffm Hof«, beschreibt es Lothar. Er ist in Berlin-Britz groß geworden, Brigitte in Spandau. Sie fahren hin, wenn sie die Eltern besuchen. Beider Väter waren Schlosser. Brigittes Vater ist jetzt pensioniert, Lothars Vater ist letztes Jahr gestorben. »Ist doch angenehm, wie wir hier wohnen«, sagt Brigitte, »wenn man für sich ist und einem nicht jeder in den Kochtopf guckt. Außerdem, wir arbeiten alle beide. Zu Hause will man dann seine Ruhe.«

Isoliert: Nein, isoliert fühlen sie sich nicht. Mit einem Ehepaar auf derselben Etage haben sie Kontakt, einmal im Monat wird Rommé gespielt, beide haben die Schlüssel voneinander, gießen im Urlaub gegenseitig die Blumen. Die Männer helfen sich gelegentlich mit Flaschenbier und Zigaretten aus, die Frauen schon mal mit einem Ei oder dergleichen. Brigittes beste Freundin wohnt einige Häuser weiter, und Lothars Schwester wird demnächst auch in die Nähe ziehen. »Praktisch zieht ziemlich jedes jungverheiratete Paar hierher«, sagt Brigitte. »Wo ist denn sonst in Berlin noch eine Wohnung zu kriegen? Und zu dem Preis?« Bevölkerungsstatistisch schlägt sich das nieder: Das Märkische Viertel ist das »jüngste« Viertel in Berlin, mit doppelt soviel Kindern und nur halb soviel alten Leuten wie in den übrigen Bezirken.

235 Mark »Warmmiete« zahlen Reschkes im Monat (Warmwasser und Heizung inbegriffen) für 68 Quadratmeter Wohnfläche. Das ist ein Quadratmeterpreis von weniger als 3,50 Mark. Dafür allerdings müssen sie in

Kauf nehmen, daß offenbar nicht besonders sorgfältig gebaut wurde: Risse in den Wänden, abblätternder Verputz im Flur, nach nicht einmal zwei Jahren.

Wir sitzen im Wohnzimmer, Brigitte hat Kuchen gebacken, die Sonne scheint auf die mandarinenfarbene Polstergarnitur. Die Tür zur Loggia steht offen, und von da sieht man wahrhaftig auf Landschaft, auf die Attraktion des Viertels: Das Seggelucher Becken, einen kleinen See mit einer baumbestandenen Insel. Wildenten flattern auf, Spaziergänger füttern Schwäne. »Im Sommer«, sagt Lothar mit einem Anflug echten Stolzes, »quaken abends die Frösche. Und dort drüben, sehen Sie, liegt Lübars, ein richtiges Dorf, da pflügen die Bauern ihren Acker, mitten in Berlin.«

Lübars, da ist doch auch die Müllkippe, Berlins riesiger, einziger Abfallhaufen. Sie soll, habe ich mir sagen lassen, bald bis auf 150 Meter ans Märkische Viertel herangeführt werden. Ach ja, sagen die Reschkes, das ist da hinten an der Ecke bei der Sektorengrenze, davon merken wir hier wirklich nichts.

Sie sind keine kritischen Sezierer von Zuständen und Umständen, auch keine Protestierer. Sie scheinen ganz fest entschlossen, zu zweit auf ihren 68 Quadratmetern einen Flecken heiler Welt zu schaffen und zu erhalten. Sie meckern nicht, beschweren sich nicht, regen sich nicht auf – über die Müllkippe so wenig wie über lärmende kinderreiche Familien. »Bei uns um die Ecke wohnen welche mit neun Kindern, die sind immer so sauber angezogen, da kann man doch nichts gegen haben«, sagt Brigitte und glättet damit wenigstens für sich soziale Gegensätze, die hier, wo Beamte neben Wohlfahrtsempfängern, Kinderlose neben Kinderreichen wohnen, oft hart aneinanderprallen.

Sie glättet auch Lothars Uniformhosen und Jackenrevers und hängt alles schnell in den Schrank, sobald er vom Dienst kommt. Die Polizeiuniform ist scheußlich, sagt sie, die Hosen so schlecht geschnitten, so weit, überhaupt nicht schick.

Ich stelle mir vor, daß es nicht leicht ist, diese heile Welt neben dieser Uniform zu verteidigen. In der Nacht, bevor ich Reschkes besuche, wird in Hamburg ein Polizist erschossen, in Frankfurt einer niedergeschlagen, in Berlin einer angeschossen. Gleichzeitig laufen in Berlin und Hamburg staatsanwaltschaftliche Untersuchungen gegen Beamte, die ihrerseits jemanden getötet haben. Ich bringe das Gespräch darauf, ein heißer Job, nicht wahr?

Brigitte Reschke rührt ihren Kaffee um. Lothar Reschke zuckt die Achseln. »Ich bin noch nie in eine Schießerei geraten, bis jetzt noch nicht«, sagt er. »Gott sei Dank. Seit die in der Zeitung das immer so hochspielen, greift man auch nicht mehr so schnell zur Waffe ...« Er sagt: »Angepöbelt wird man ja dauernd. Allein geht keiner mehr auf die Streife. Und Lokale betreten wir nur, wenn wir ausdrücklich gerufen werden. Früher war das anders. Da war ein Polizist eine Autorität.« Früher: vor zehn Jahren. Damals trat Lothar in den Polizeidienst ein, 18 Jahre alt. »Die sagten alle, Mensch, geh doch zur Polizei, du kannst es doch mit den Leuten, auf den Mund biste auch nicht gefallen. Und ich hatte auch Spaß dran.«

Ursprünglich wollte Lothar Automechaniker werden. Als er 1959 mit 15 Jahren aus der Schule kam, war gerade keine Lehrstelle in der Gegend frei. »Mein Vater sagte, denn wirste Tischler, is ooch schön. So war das, da hat man nicht so viel rumgetan.«

Seine dreijährige Lehre machte er als Gestelltischler in einem Betrieb, in dem Chippendalemöbel hergestellt wurden. »So geschweifte Beine«, erläutert er, »aus Buche. Die wurden dann in Nußbaum umgespritzt.« Daran hatte er weniger Spaß. Jetzt ist er Polizeimeister bei der Berliner Schutzpolizei für 1200 Mark netto im Monat, seit einem Jahr Beamter auf Lebenszeit. Vielleicht wird er noch in diesem Jahr Polizeiobermeister. Dann gibt es als höchste für ihn erreichbare Stufe nur noch den Rang des Polizeihauptmeisters, und in 30 Jahren gibt es Rente, nach insgesamt 40 Dienstjahren.

Seit seiner Hochzeit ist Lothar Hundeführer. Hundeführer müssen verheiratet sein, warum, weiß niemand. Vielleicht, damit der Hund in einem geordneten Haushalt sein regelmäßiges Fressen bekommt. Denn der Hund des Hundeführers zieht mit in die Familie. Er ist gewissermaßen ebenfalls Beamter, erscheint zum Dienst, hat nach Attest des Amtstierarztes Anspruch auf Krankenurlaub, wird mit zehn Jahren pensioniert, erhält in einem Polizeihundeheim das Gnadenbrot.

So sitzt denn neben uns am Kaffeetisch Farah in einem schwarzen Höschen, weil sie im Moment läufig ist. Sie sitzt da und bewacht uns alle, scharf, angespannt. Damit sie »scharf« bleibt, darf sie nur rohes Fleisch zum Fressen bekommen. Sie ist sofort am Sprung, wenn Lothar sagt: »Paß auf!« Auf diese Worte ist sie dressiert, er hat sie selber im Polizeihundesportverein abgerichtet.

Farah, mein Püppchen, sagt Brigitte zu ihr. Farahs und Lothars Dienststunden sind sorgfältig in ihren Küchenwandkalender eingetragen. Vormittags-, Nachmittags- und Nachtdienst wechseln sich ab. Mit anderen Hundeführern und deren Hunden, drei oder vier sind Lothar und Farah jeweils acht Stunden unterwegs in Reinickendorf, Frohnau, Wittenau, Spandau, im Wedding: Berliner Norden. Sie fahren alle zusammen in einem alten Hanomag – Polizeihunde gehen nur bei akutem Anlaß zu Fuß. Bei Demonstrationen etwa, um einen Autodieb zu stellen, Randalierer einzuschüchtern, Penner auf Parkbänken aufzustöbern, Fährten zu verfolgen.

Täglich geht die Streifenfahrt auch durchs Märkische Viertel. Die Kriminalität ist »normal«: etliche Autoknacker, öfter mal Radau im »Shock«, dem Beatschuppen im Zentrum, Kellereinbrüche, ein Betrunkener hat seine Frau verprügelt – das ist so die Wochenendausbeute. Kein Vergleich mit dem Wedding, wo jede Nacht etwas los ist, Überfälle auf offener Straße. Lothar macht gern Dienst mit dem Hund. Der Polizist, meint er, habe Autorität verloren – fraglos verschafft ihm der Hund wieder einen Teil davon. Was Brigitte betrifft, so ist sie beruhigter, seit ihr Mann nicht mehr allein auf Streife geht. Außerdem ist es ihr mit Farahs Hilfe gelungen, Lothar tätig in den Haushalt einzuschalten.

»Sie sagt, hier sind überall Hundehaare, das ist dein Hund, also darfst du staubsaugen«, erzählt er. Und zuckt zusammen: »Schreiben Sie das etwa?« – »Warum nicht?« sagt Brigitte. »Wir arbeiten beide, es ist doch ganz normal, wenn wir uns auch die Hausarbeit teilen. Mal kocht

Eine Siedlung für 60 000 Menschen

Das »Märkische Viertel« liegt im Berliner Norden auf einem 392 Hektar großen Gebiet an der Sektorengrenze. Seit Beginn der Bauarbeiten 1963 stehen Architektur und soziale Struktur dieser Mammutsiedlung für 60 000 Menschen im Brennpunkt der Kritik. »Das große Merkmal ist die plastische Kraft«, loben die einen. »Das abschreckendste Beispiel gegenwärtiger Wohnbauplanung«, urteilen die anderen.

20 Architekten planten die Trabantenstadt unter Leitung eines dreiköpfigen Architektenteams. 1,5 Milliarden Mark öffentlicher Gelder standen zur Verfügung. Die Gesellschaft für Sozialen Wohnungsbau (Gesobau) räumte mit Baggern und Bulldozern die alte Laubenkolonie zur Seite. 1965 waren die ersten Hochhäuser fertig. Ein Jahr später übergab der Bausenator die 1000. Wohnung an eine fünfköpfige Familie. Monat für Monat zogen nun immer mehr Menschen ins Märkische Viertel. Wohnungen gab es genug, aber es fehlte an öffentlichen Einrichtungen: Schulen, Kindergärten, Transportmöglichkeiten in die Stadt. »Kinder, Kinder und noch einmal Kinder – das ist der erste Eindruck – und vorläufig kein Platz für sie«, schrieb 1969 die *Welt.* »Es gibt zu wenig Kindergartenplätze, zu wenig Spielplätze. Die Schulklassen sind hoffnungslos überfüllt«, stand im *Telegraf.*

Ende 1970 waren 12 752 Wohnungen fertig. Es gab 90 Geschäfte, 38 Telefonzellen, 15 Litfaßsäulen und fünf Grundschulen. Die ersten Bäume wurden gepflanzt, Rosenrabatten angelegt. Aus der Siedlung wurde langsam eine »Stadt« für sich. Aber es gab immer noch Klagen *Der Spiegel* rügte zum Beispiel, daß kein Friedhof geplant sei, obwohl nach dem Einzug des letzten Mieters mit einer jährlichen Quote von 1000 Toten zu rechnen sei. Viele Bewohner beschwerten sich über Schmutz und Unrat in den Treppenhäusern und auf den Straßen.

1971 wurden weitere 2600 Wohnungen gebaut, 1972 wird mit den restlichen 1273 Wohnungen die Trabantenstadt komplett sein (insgesamt 16 625 Wohnungen). Die Bevölkerungsstruktur ist sehr gemischt. Aber es überwiegen die kinderreichen Familien. Aus allen Westberliner Bezirken wurden kinderreiche und sozial schwache Familien ins Märkische Viertel eingewiesen, beispielsweise aus abbruchreifen Wohnvierteln im Wedding und in Kreuzberg. Jede fünfte Familie in der Siedlung wird von der Sozialfürsorge unterstützt. Jeder dritte Einwohner ist jünger als 20 Jahre. Fertiggestellt sind inzwischen: rund 110 Geschäfte, sechs Grundschulen, zwei Sonderschulen, eine Gesamtoberschule, zwölf Kindertagesstätten, zwei Altenwohnheime. Es gibt einen Wochenmarkt (dreimal wöchentlich Obst, Gemüse, landwirtschaftliche Produkte), ein chinesisches Restaurant, eine Pizzeria, ein Eiscafé, ein Dutzend Kneipen, einen Beatkeller, 20 Kegelbahnen, ein Kino. Und ein Bestattungsunternehmen. Ein großes Gemeinschaftshaus, ein Hallenschwimmbad und Sportanlagen sind im Bau. »Allen Unkenrufen zum Trotz«, schrieb kürzlich die Heimatzeitung *Märkisches Viertel*, »das Märkische Viertel wird in den nächsten Jahren zu einem der schönsten Wohnviertel, die in Deutschland gebaut worden sind.«

er, mal koche ich, mal putzt er, mal putze ich, was ist dabei?«

Lothar hat Kollegen, ältere, die schon etwas dabei finden. »Die rühren zu Hause keinen Finger, das täten die nie«, sagt er. »Die sind ganz konsterniert, wenn sie sehen, daß ich das Fressen für den Hund kaufe. Was, das macht bei mir die Frau.«

Brigitte steht jeden Morgen um halb sechs Uhr auf, geht um sechs aus dem Haus, fährt mit dem Bus zum Kurt-Schumacher-Platz, steigt in die U-Bahn zum Fehrbelliner Platz. Das dauert eine Stunde. Von sieben bis vier Uhr sitzt sie an ihrem Schreibtisch in der Bundesversicherungsanstalt für Angestellte und bereitet Akten für die Sachbearbeiter vor. Sie verdient 895 Mark netto. Eigentlich ist sie gelernter Einzelhandelskaufmann. Zuletzt arbeitete sie als Verkäuferin in einem Hutgeschäft am Kurfürstendamm. Weil der Verdienst zu gering und die Arbeitszeit ungünstig waren, sattelte sie um.

Sie arbeitet gern im Büro, sie ist der Typ, der Kuchen mitbringt, rasch Freundschaften schließt mit Kolleginnen. Eines Tages wird sie ihren Beruf aufgeben: wenn sie ein Kind bekommt.

Reschkes Kind begegne ich während der drei Tage meines Besuches sozusagen auf Schritt und Tritt. Schon am ersten Nachmittag, als Brigitte mir die Eßecke zeigt, sagt sie: »Und hier teilen wir dann ab als Kinderzimmer, das liegt ja praktisch gleich neben der Küche, ich habe das Baby dann jederzeit im Auge.« Angesichts brüllender Schreihälse auf dem Spielplatz unter ihrem Balkon: »Da kann unser Kind dann auch spielen, drüben ist der Rodelberg, alles ganz in der Nähe.« Beim Spazierengehen im Viertel vor einem Schulhausneubau: »Schulen gibt es nun wirklich genug, keine großen Klassen, gute Lehrer, junge Lehrer, hat man uns gesagt. Und keine langen Schulwege.« Vor einem Spielzeugladen im Märkischen Zentrum: »Also da freu ich mich schon. Was denkst du, wir werden wieder die größten Spielratten sein.« Schließlich stelle ich die Frage, ob das Kind vielleicht schon unterwegs sei. Brigitte sieht mich an. »Aber nein. In zwei Jahren.«

Sie planen gern. Sie planen eigentlich alles: Urlaub, Wochenenden, Anschaffungen, die Einschreibung im Waschhaus, wann Federball gespielt wird, wann Lothar Brigitte mit dem Auto im Geschäft abholt, sie wissen das meist

Wochen voraus. Planen, heißt es in der Psychologie, verschafft ein Gefühl von Zuversicht und Geborgenheit, wer plant, möchte sich auf die Zukunft verlassen können, verläßt sich auch auf sie, kalkuliert bewußt nicht mit negativen Faktoren.

»Eigentlich«, sagt Brigitte, »hat bis jetzt immer alles geklappt, wie wir's vorhatten. Mit einer Ausnahme.«

Lothar wundert sich.

»Du wolltest doch nicht vor deinem 27. Geburtstag heiraten.«

Sie sagt: »Und dann warst du doch erst 26.«

Das Ehepaar Reschke im Jahr 2002: Auch der Sohn hat einen Polizeihund

von Stephan Lebert

Dreißig Jahre später. Lothar Reschke steht immer noch im Berliner Telefonbuch, Lothar Reschke, Polizeihauptmeister. Immer noch dieselbe Straße: Senftenberger Ring. Er ist also dort wohnen geblieben, in der Trabantenstadt mit dem netten dörflichen Namen, Märkisches Viertel. Er ist also Polizist geblieben. Ist ihm in der Arbeit mal etwas passiert? Die Zahl der Polizisten, die im Dienst getötet oder verletzt werden, ist gestiegen in den letzten Jahren. Das Eheprinzip der Reschkes hieß: Man nimmt sich was vor, man plant, das Leben inklusive Wünsche wird organisiert. Hat das funktioniert, und wenn: Ist das immer noch so?

Der Senftenberger Ring liegt nur ein paar hundert Meter entfernt, dort, wo früher die Mauer stand. Die DDR war sozusagen mit den Händen zu greifen. Wie war das, als die Mauer fiel? Wie haben die Reschkes das erlebt? Sind sie davon erschüttert worden?

Das große Leben, das kleine Leben. Gibt es dazwischen eine Verbindung? Hat das, was draußen in der Welt geschieht, Wirkung auf eine Liebesgeschichte? Meine Deutschlandreise, von Paar zu Paar, ist nur eine Stichprobe, eine winzige. Aber sie sagt, das kleine Leben kann ziemlich stark sein, die Menschen sind so mit ihrer Welt beschäftigt, dass die großen Ereignisse kaum mehr als Kulisse sind.

Man kann süchtig werden auf die Frage: Wie gehen Geschichten weiter? Als ob man die Möglichkeit hätte, mit einem Videorecorder das Leben anderer Menschen vorzuspulen. Das ist wie ein Virus, der einen ergreift und übrigens auch nicht vor dem eigenen Leben Halt macht.

Wenn ich zum Beispiel auf Wohnungssuche bin, dann versuche ich mir bei der Besichtigung vorzustellen, wie mein Leben in diesen Räumen aussehen könnte. Wie ich zu Abend esse, fernsehe, lese. Was für schlechte Nachrichten ich hier erfahre. Wie es hier drin sein wird, wenn draußen heißer Sommer ist. Wie ich hier sein werde.

Im Rückblick funktioniert es bei jedem: Wenn man damals nicht auf diese Party gegangen wäre, hätte man sie nicht kennen gelernt, würde man jetzt nicht mit zwei Kindern in einem Reihenhaus in irgendwo wohnen. Wenn man damals sich für den anderen Job entschieden hätte, würde man heute… Das Prinzip des Films *Lola rennt*: Wenn man eine Minute später aus dem Haus geht, würde man später nicht verunglücken, zumindest nicht an dem Ort, in diesem Moment. Jeder Augenblick kann alle Augenblicke verändern.

Wenn ich in ein Café gehe und dort mit jemandem zusammenkomme, den ich bis dahin noch nie gesehen habe, denke ich manchmal, wer weiß, vielleicht stellt diese Begegnung mein ganzes Leben auf den Kopf. Und wundere mich: Woher kommt das eigentlich, dass einem solche Gedankenspiele Spaß machen? Der Reiz der Veränderung ist ein Sog. Ich fürchte, es ist nicht sonderlich originell, es ist eher so, als würde man das nachplappern, was alle so reden. Viele Lebenswege, viele Möglichkeiten: Das ist es, was viele Menschen wollen, das ist das Bild, das unsere Gesellschaft zeichnet, wenn die Rede ist von intensivem, spannendem Leben. Und damit wird auch die Widersprüchlichkeit unserer Zeit dokumentiert, die sich manchmal mehr an Bildern orientiert als an der Realität. Denn natürlich hat der Alltag der allermeisten Menschen nichts damit zu tun, dass sie ständig überlegen, in welche Richtung könnte ich mein Leben denn nun drehen. Das Zusammenleben in der Gesellschaft ist wie nichts sonst von Wiederholung und Zuverlässigkeit abhängig.

Multioptionalität heißt der soziologische Begriff. Vor allem junge Leute stehen dauernd an irgendwelchen Wegegabelungen und wissen nicht mehr, wohin sie gehen sollen. Die Psychologin Rosmarie Welter-Enderlin benutzt in ihren Therapiestunden gerne eine Sequenz aus dem Film *Down by Law* von Jim Jarmush: Zwei Unschuldige brechen aus dem Gefängnis aus, stehen auf ihrer Flucht vor einer Kreuzung und haben keine Ahnung, wohin sie gehen sollen. Sie werfen eine Münze, jeder nimmt alleine einen Weg. Frau Welter-

Enderlin malt ihren Patienten die Szene auf ein Blatt Papier: Egal, welchen Weg Sie nehmen, Sie werden bald zu einer neuen Kreuzung kommen und sich wieder entscheiden müssen, und nur Sie können und müssen es tun; ansonsten bleiben Sie stehen, aber das käme letztlich einer Katastrophe gleich. Was die modernen Menschen mit Hilfe von Profis nicht alles wieder lernen müssen!

Märkisches Viertel. Hier wohnen heute rund 40 000 Menschen – und hier wohnt auch ein Mann, von dem noch vor ein paar Jahren keiner gedacht hätte, dass es ihn mal hierher verschlägt. Chen Kuen Lee heißt er, 88 Jahre alt, und ein ziemlich bekannter Architekt. Er kam Anfang der Dreißigerjahre aus Shanghai nach Berlin und blieb. Er war jahrelang die rechte Hand von Berlins wohl bedeutendstem Architekten Hans Scharoun. Er baute Villen, Straßenzüge, Restaurantpaläste. Und er war stolz, dass er damals mitbauen durfte beim Märkischen Viertel. Denn hier sollten die Ideen von Le Corbusier vom neuen Bauen umgesetzt werden: moderne, billige, schöne Wohnungen für sozial Schwache. Lee baute den Block MV8/1–5. Zwischen Traum und Wirklichkeit klaffen manchmal Welten.

Schon vor vielen Jahren hatte der Architekt beschlossen, nur in Häusern zu wohnen, die er selbst entworfen hat. Er lebte lange in einer palastartigen Villa im Grunewald, doch irgendwann ging ihm das Geld aus, »denn er ist ein toller Architekt, aber ein miserabler Geschäftsmann«, sagt sein Lebensgefährte Werner Engel. Barbara Nolte schrieb im *Tagesspiegel*: »Nirgendwo auf der Welt ist es so billig, in einem Lee-Haus zu wohnen wie im Märkischen Viertel. 822 Mark warm kostet die Zweizimmerwohnung im 14. Stock monatlich… Früher war unsere Sauna so groß wie heute die ganze Wohnung, sagt Engel.« Die Zeitung schildert, wie Engel den 88-jährigen Lee im Rollstuhl um den kleinen Teich schiebt – und der Chinese ziemlich zufrieden auf seinen Wohnblock blickt: »Häuser sind wie Kinder. Man muss sie nehmen, wie sie sind.«

Die Reschkes wollten nie weg hier. »Warum auch?«, fragt Lothar Reschke. Hier hat man alles, sagt er, Geschäfte, Lokale, U-Bahn. »Und man ist schnell im Grünen. Das ist wichtig für den Hund.« Aber umgezogen sind sie einmal, auch schon lange her, im Senftenberger Ring ein paar Häuser weiter. Die Wohnung war etwas größer, 76 Quadratmeter, drei Zimmer, etwas günstiger.

Lothar Reschke sitzt auf einer grünen Couch, Jeans, kariertes Hemd, kleines Bäuchlein. Er trinkt ein Bier. Brigitte Reschke hat eine Wolljacke an. Schlank ist sie, Brille, ein paar graue Haare. Als ich läutete, stand der Schäferhund an der Tür. »Haben Sie Angst?«, fragte Lothar Reschke. »Er heißt Cerro.« Meine Mutter durfte damals nach ihrem Besuch über alles schreiben, nur über ein Detail nicht. Heute kann man es ja sagen: Die damalige Hündin Farah war besonders auf das Wort »über« abgerichtet. Hörte sie dieses Wort, wurde sie aufmerksam und scharf. Meine Mutter erinnert sich, einmal sei ihr in irgendeinem Zusammenhang das Wort »überglücklich« rausgerutscht, was sogleich zu einer heftigen Reaktion des Hundes führte. Sie sei daraufhin ein wenig gehemmt gewesen in der Unterhaltung. Wo steckt dieses »über« noch alles drin? Bitte nicht mehr sagen: Übermaß, über die Straße, überall...

Cerro ist der insgesamt achte Hund der Reschkes, der achte Polizeihund. Zwei musste Lothar Reschke abgeben, der eine war zu nervös, »wenn ein Schlüsselbund auf den Boden fiel, dann war der weg«, der andere zu scharf, vor allem mit anderen Rüden. »Das ging dann auch nicht.« Der Passus in der Polizeiverordnung, dass ein Hundeführer verheiratet sein muss, ist inzwischen gestrichen. »Man hat früher wohl gedacht«, sagt Lothar Reschke, »ein Hund braucht unbedingt zuverlässige soziale Verhältnisse. Heute ist das nicht mehr zeitgemäß.«

Einen Hund, den Arco, hat er malen lassen. Das Bild hängt im Flur, daneben verteilt die Fotografien der anderen Hunde. Die Wohnung ist überhaupt voller Fotos, Familienfotos. Hochzeitsbilder der verschiedenen Großeltern. Die eigene Hochzeit. Sohn Timo als Baby. Als Schüler. Heute: als großer junger Mann. Wie geplant, wie angekündigt kam er zwei Jahre nach der *Brigitte*-Geschichte auf die Welt. Es war eine schwierige Geburt. Brigitte Reschke nahm fünf Jahre Mutterschaftsurlaub. Eine schöne Zeit, sagt sie, »ich war gern zu Hause«. Heute arbeitet die 53-Jährige, wie damals, bei der Bundesversicherungsanstalt. Sachbearbeiterin. Die Welt der Akten. Geht sie gerne jeden Tag hin? Na ja, sagt sie, es sei jedenfalls so, dass sie sich nicht fürchte vor der Zeit als Rentnerin.

In der Wohnung könnte man gut Spuren lesen, vor allem Spuren, die Aufschluss geben, welche Hobbys Frau Reschke all die Jahre hatte. Seidenmalerei war es mal, ein paar Bilder sind übrig geblieben. Stickereien. Dann kam die Clownphase, »ich mag Clowns, habe eine Zeit lang ganz viel gelesen, gesammelt, heute kaum noch«, die Figuren, Statuen, Plakate drängen sich in einer Wohnungsecke. In letzter Zeit löst sie viel Kreuzworträtsel, überhaupt Rätsel. »Es ist gut, was zu machen, was ich nur für mich mache.« Zusammen haben sie eine Kegelrunde, alle vier Wochen treffen sie die Kegelfreunde, früher spielten sie häufiger, na ja, man wird ruhiger.

Lothar Reschke sagt, er habe den alten Artikel noch mal gelesen, vor unserem Interview, und er habe richtig lachen müssen. »Da steht drin, dass ich gerne und oft koche, am liebsten chinesisch, asiatisch. Wissen Sie was, das ist immer noch so.« Und Brigitte Reschke muss schmunzeln, als sie ergänzt: Und planen tun wir auch immer noch gerne, zum Beispiel neulich diese Norwegenreise, dort ist es doch so teuer, da wurde ein genauer Speiseplan ausgetüftelt, Dosen, Nudeln, Getränke waren im Kofferraum. Insgesamt, sagt sie, sei das Planen aber weniger geworden.

»Hört sich langweilig an, unser Leben, oder?«, fragt Lothar Reschke. Er sei vorher auch ein bisschen erschrocken, als er so nachdachte über alles. Sagt er und lacht. Brigitte Reschke sagt, früher seien sie richtig wild gewesen, viel ausgegangen, auf Partys.

Lothar Reschke ist seit kurzem pensioniert. 58 Jahre

alt, davon 37 Jahre bei der Polizei. Er ging täglich auf Streife mit seinem Hund, Kontaktbereichsbeamter heißt das. Die Leute kannten ihn, er war der Polizist von nebenan. »Ich habe immer auf Distanz geachtet. Habe nie irgendwelche Einladungen angenommen, ach, kommen Sie doch schnell auf eine Tasse Kaffee rein. Nein, da verwischen die Grenzen. Man muss aufpassen, dass man all die Geschichten, die man erlebt, nicht an sich herankommen lässt.« Das ist ihm anscheinend gelungen, denn er erzählt keine Anekdoten, keine Erlebnisse. Oft sei er natürlich zu heftigen Ehestreitigkeiten gerufen worden, da dürfe man auf keinen Fall Partei für eine Seite ergreifen, »denn man kann manchmal gar nicht schnell genug schauen, und schon vertragen sich die beiden wieder und verbünden sich gegen dich«. Nein, sagt er, ihm sei nie etwas passiert in all den Jahren. Auch nicht bei den großen Demos, bei denen er eingesetzt wurde, er war bei unzähligen 1.-Mai-Krawallen dabei. »Glück gehabt, wirklich, viel Glück.«

Sohn Timo ist auch Polizist geworden, auch Hundeführer. Lothar Reschke sagt, er sei dagegen gewesen, er hätte einen anderen Beruf lieber gesehen. »Aber was willst du machen?« Er sagt dies und ist, natürlich sieht man ihm das an, auch stolz: Es kann ja nicht so schlecht sein, das eigene Leben, wenn der Sohn in die Fußstapfen des Vaters tritt. Timo ist ein besonderer Hundeführer, sein Hund ist auf die Suche nach Leichen gedrillt. Er hat eine eigene Wohnung, kommt aber oft zu Besuch, sehr oft, fast jeden Tag. Zum Essen, der Vater kocht. »Beim Vater schmeckt es eben am besten«, sagt Brigitte Reschke. Die einzige Schwierigkeit bei den Treffen sind die Hunde, die mögen sich nicht. Müssen in zwei verschiedenen Zimmern weggesperrt werden.

Die Reschkes. Jeden Morgen stehen Brigitte und Lothar Reschke um zehn Minuten vor fünf Uhr auf. Er fährt sie, auch jetzt als Pensionär, mit dem Auto zur richtigen U-Bahn-Station, dann braucht sie nicht mehr ganz so lange, die Versicherungsanstalt liegt immer noch am anderen Ende des riesigen Berlin. Sie fahren dreimal im Jahr in Urlaub, Österreich, Adria, Spanien, Gardasee, sie lieben ihre Reisen. Nur fliegen will er nicht mehr. Klaustrophobie, muss ja nicht sein.

Sie haben sich schon vor Jahren im Süden Berlins ein Gartenhäuschen zugelegt. Brigitte Reschke zeigt Fotos. Ein schöner Garten mit Mandelbaum, Magnolien, vielen Blumen, Gemüsebeet. Es hat sich so eingebürgert, dass sie von Mai bis September fast ausschließlich dort wohnen. Kleine Küche, Fernseher, Telefon, alles ist da. Und zweimal im Jahr feiern sie dort ein großes Fest mit allen Freunden.

Ihre Geschichte begann vor 33 Jahren, seit 32 Jahren sind sie verheiratet. Man könnte also aus gutem Grund sagen: eine große Liebesgeschichte. Denn was will man mehr? Zwei Menschen verlieben sich – und sagen drei Jahrzehnte später, sie verstehen sich heute im Prinzip noch genauso gut wie damals. Zwei Menschen halten zusammen, werden eins.

Und doch stehe ich am Ende unseres Gesprächs unten auf der Straße und frage mich: Ist das wirklich jetzt eine große Liebe? Kann man einer Liebe zuschauen, kann man sie beurteilen? Oder muss man einfach glauben, was die Eheleute einem erzählen? Nein, das sind in Wahrheit nicht die Fragen, die ich mir da unten am Senftenberger Ring inmitten der Trabantenstadt stelle. Es geht um etwas anderes: Muss Liebe nicht noch mehr sein, mehr Drama, mehr Gefühlssturm, ein bisschen Scarlett O'Hara und Rhett Butler? Ich merke, dass diese Frage dem Thema nicht gerecht wird. Kann es daran liegen, dass mir (und vielen anderen) Bilder vorschweben, die von unserer Videowelt täglich ausgespuckt werden? Ist da nicht immer die Rede von Show, Irrationalität, Trug? Jedenfalls: Mit diesen Begriffen kommt man dem Liebespaar aus dem Märkischen Viertel keinen Zentimeter näher.

Die Reschkes. Sie sagt, das Leben rennt immer schneller: »Mein Gott, wie ein Jahr nach dem anderen verfliegt.« Er sagt, manchmal macht er sich den Vorwurf, zu wenig gespart zu haben, »dann hätten wir heute auch ein Haus, das wäre schon toll«. Aber, na ja, jetzt könne man das eh nicht mehr korrigieren.

Schicksalsschläge? Ihre Eltern sind gestorben, beide wurden genau 69 Jahre alt. Seine Mutter lebt noch, nicht weit weg von ihnen, 82, herzkrank. Normale Geschichten. Sonst nichts, »Gott sei Dank«, sagt er, »wir haben Glück gehabt.«

Ehekrisen? Hatten wir auch, sagt er. Aber aufgeben? »Nein«, sagt er, »ich habe noch keinen Tag an Scheidung gedacht.« Sie nickt. Der letzte richtige Streit? Schon Jahre her, sagt sie. »Es läuft gut bei uns.«

Berlin. Die Alliiertenstadt. Die politischen Krisen des Kalten Kriegs. Mauerfall. Deutsche Hauptstadt und Regierungssitz. Korruptionsaffäre und Klaus Wowereit. Beeinflusst das ein privates Leben? »Nein«, sagt sie, »wir sind auch eher unpolitische Leute.« Na ja, sagt er, früher habe man von der besonderen Lage Berlins profitiert. »Da hat jedes Ehepaar zur Hochzeit ein zinsloses Darlehen in Höhe von 10000 Mark bekommen, wir auch. Ohne das Geld hätten wir das alles gar nicht geschafft.«

1989. Die ersten Tage, erzählt Lothar Reschke, seien schwierig gewesen. Er hatte Dienst und musste an der Mauer aufpassen, dass die Vopos nicht von wütenden DDR-Bürgern angegriffen wurden, »aber es ging alles gut. Ein paar Besoffene randalierten, sonst nichts.« Und in der ersten Zeit, erzählt Brigitte Reschke, seien die Geschäfte im Märkischen Viertel überfüllt gewesen, von Ostberlinern. »Aber im Rückblick betrachtet«, sagt sie, »nein, eigentlich hat sich unser Leben dadurch kaum verändert. Unser Leben hat damit nichts zu tun.«

Steilshoop im Jahr 1976: Eine Wohngemeinschaft ist kein Allheilmittel

von Ursula Lebert

Es riecht nach Pfannkuchen. Pfannkuchen sind, vier Tage vor dem Ersten, ein Billigabendessen, das sich die Wohngruppe »Panik« gerade noch leisten kann. Die sechs jungen Leute sitzen um den langen Tisch in der Küche, zwei Mädchen, vier Männer.

Ich sitze dabei, bekomme Pfannkuchen angeboten. Jeder, der hereinkommt, bekommt Pfannkuchen angeboten. Ich fühle mich ein wenig wie in einem Taubenschlag zur Fütterzeit. Offene Türen, Stühle werden gerückt, einer kommt, einer geht. Jemand erzählt von den Prüfungen, die er heute in der Uni hatte. Ein anderer, Junglehrer, arbeitslos, hat den Tag mit seinem Fahrrad in der Heide verbracht.

»... das muß endlich ganz klar ausdiskutiert werden«, höre ich ein Mädchen am anderen Ende des Tisches sagen. »Wir haben das bisher immer verdrängt, aber das bringt nichts.« Ihr Nachbar nickt ernsthaft.

Die Pfannkuchen sind gut, auf Wunsch kann man sie auch mit Pflaumen haben.

Nachher wäscht ein junger Mann mit Lockenkopf das Geschirr ab. Er hat Küchendienst, das steht auf einem Plan über dem Kühlschrank. Die andern sind in ihren Zimmern. Sechs Zimmer, zwei Bäder, eine gemeinschaftliche Küche mit Eßecke hat die Wohnung im Parterre rechts von Block VI.

Der junge Mann sagt: »Ich wohne zum ersten Mal in einer Wohngemeinschaft. In mancher Hinsicht ist es komplizierter, als ich mir das vorgestellt habe. Es gibt Schwierigkeiten, wo man sie nicht erwartet, Kleinkram. Oder Schwierigkeiten, weil doch jeder von seiner Erziehung her ziemlich egoistische Vorstellungen hat. Die muß er ablegen, das finde ich gut. Und das Wichtigste ist, daß man hier aus seiner Isolation heraustritt, man fühlt sich nicht ausgeklammert...«

Er trocknet die Tassen ab, räumt sie in den Schrank. Zu dem Mädchen, das hereinkommt, sagt er: »Monika, du hast heute beim Einkaufen zuviel Geld ausgegeben, bist du verrückt, Tomaten für 2 Mark 20.«

»Aber du hast Tomaten aufgeschrieben«, verteidigt sie sich. »Doch nicht, wenn sie so teuer sind. Wir haben jetzt noch genau 40 Mark fürs Wochenende. Rechne dir das mal aus.« Die Küche ist ordentlich aufgeräumt. Der junge Mann knipst das Licht aus. Auf dem Gang hängen Kleider, Plakate. Hinter den Türen kommt Musik hervor. Das Haus ist hellhörig, groß, voll Leben und Lärm um diese Abendstunde.

Block VI ist der berühmteste Bau in Hamburgs neuem Stadtviertel Steilshoop, einzigartig sogar in Europa, schrieben Journalisten. Äußerlich regt er zu solchen Hervorhebungen kaum an: Seine 71 Meter lang geratene Betonfassade ist genauso langweilig wie die Fassaden der anderen Blöcke ringsum. Vor den vier Eingängen deponiert der ewig um die Häuser wehende Wind Papierfetzen und Plastiktüten in den zum Schmuck angepflanzten Fingersträuchern.

Was den Block VI bekanntgemacht hat, ist die Idee des Architekten, hier Wohnungen für Leute zu bauen, die in Gruppen und Großfamilien leben wollen, und diese Leute nach Möglichkeit schon an der Planung der Grundrisse zu beteiligen.

Das Resultat: Gemeinschaftsräume, Küchen für mehrere (statt 72 Küchen, wie für ein Haus dieser Größe normalerweise erforderlich, wurden nur 37 benötigt), eine Dachterrasse für alle, ein Kindergarten im Keller. 210 Menschen aus verschiedenen Schichten wohnen seit dem August 1973 unter dem vom sozialen Wohnungsbau finanzierten und deshalb relativ preiswerten Dach: Angestellte und Arbeiter, Selbständige, Beamte, Studenten, Ehepaare, Eltern mit ihren Kindern, alleinstehende Mütter.

Die Namensschilder an den Haustüren reichen bei weitem nicht aus. Dutzende von Namen sind unter, über, neben Klingelknöpfe und Briefkastenschlitze gekritzelt und geklebt, jede Gruppe ist außerdem noch durch ihren Gruppennamen ausgewiesen: Rote Rübe, Waldfrieden, Panik, Prinz Eisenherz. Briefträger, denke ich, möchte ich hier wohl lieber nicht sein. Möchte ich hier leben? Könnte ich es überhaupt?

Es ist ein Haus, in dem sich alle kennen und duzen, in dem man Geschirr und Kühlschrank teilt, die Miete und die Zeitungen, den Fernsehapparat, Kinderbetreuung, Hausarbeit, die Dose Pulverkaffee und den Kasten Bier. Die Bewohner verwalten sich selbst. Sie haben einen Verein gegründet, das »Wohnmodell Steilshoop e. V.«. Jeden Donnerstag um 20 Uhr ist Sitzung im Glashaus auf der Dachterrasse.

Diskussionspunkt an dem Abend, an dem ich der Sitzung beiwohne: 1. Wer klaut Wäsche von der Leine? 2. Dürfen Liebespaare auf der Dachterrasse knutschen? 3. Neuvermietung von zwei leergewordenen Wohnungen. 4. Wer streicht die Brüstung der Dachterrasse?

Mieke, Mitte 30, Lehrerin, ist mit einem Arzt verheiratet und hat einen vierjährigen Sohn. Sie wohnt im sechsten Stock. An der Eingangstür ein dezentes schmales Schildchen: Gruppe Grautvornix.

Grautvornix ist die Wohngemeinschaft mit der längsten Tradition – anderthalb Jahre gemeinsame Vorbereitung, Einzug, zwei Jahre gemeinsames Wohnen – und mit der größten Personenzahl: sechs Paare und vier Kinder (Einzelkinder). Mieke und ihr Mann haben vorher in einem Reihenhaus gewohnt. Über diese Zeit sagt sie: »Nachdem ich meinen Beruf aufgegeben hatte, war ich dort praktisch den ganzen Tag allein mit dem kleinen Kind und ans Haus gebunden. Habe so rumgepusselt. Immer dasselbe. Baby versorgen, Haushalt aufräumen und auf den Mann warten. Ich wurde so lustlos, diese Lustlosigkeit hat auf alles übergegriffen. Also, es mußte eine Änderung kommen.«

Wir stehen in der Küche, sie stellt die Teller vom Frühstück in den Ausguß. Die Küche ist offen zum gemeinsamen Wohnraum mit der großen Sesselrunde. Der Fernseher steht da und ein Papageienkäfig.

Mieke: »Als wir hier einzogen, da habe ich allerdings

am Anfang geglaubt, daß ich es nicht schaffen würde. Die Veränderung war so groß, das stürzte so auf mich herein. Ich war wieder berufstätig, als Erzieherin in unserem Kindergarten. Mein Mann hatte dieselben Ansprüche an mich wie vorher im Reihenhaus, er wollte umsorgt werden wie bisher, ich fürchtete, das Kind kommt zu kurz – hier ist ja immer was los, bei soviel Leuten. Man geht in die Küche, um ein Glas Milch zu trinken, und da sitzt jemand und hat was furchtbar Wichtiges zu besprechen ...«

Die Wohnung ist 443,99 Quadratmeter groß. Sie besteht aus sechs Dreizimmereinheiten mit Dusche oder Bad (je Einheit pro Paar beziehungsweise Familie), die sich um die Küche (zwei Herde, vier Kühlschränke), Waschmaschinen- und Vorratsraum, Eßraum, Kinderspielzimmer und Wohnzimmer gruppieren. Die Miete beträgt 2486,40 Mark. Im Mietvertrag ist die Übergabe von 14 Haus- und 30 Zimmerschlüsseln vermerkt.

»Unser Sohn war während der Umgewöhnung tagelang wild, eben überbeansprucht. Das ist er auch heute noch manchmal. Wenn ich es merke, nehme ich ihn zu mir, versuche, ihn auf etwas zu konzentrieren, Malen, Bauen, für sich in seinem Zimmer. Ich schirme äußere Reize ab, gebe ihm Schonraum. Alles in allem hat er sich aber erfreulich entwickelt. Er ist sehr offen, kann auf andere zugehen, Kontakte knüpfen. Ich glaube, für ein Einzelkind ist es sehr wichtig, nicht nur auf die Mutter fixiert zu sein, sondern in einem größeren Beziehungssystem aufzuwachsen.«

Sie sagt: »Jetzt allerdings kommt etwas auf ihn zu, da wird er wohl dran knacken. Eine Familie zieht weg von hier, damit verliert er seinen besten Freund. Das war ein bruderähnliches Verhältnis, sie sind gleich alt und viel beisammen gewesen. Wir müssen sehen, wie sich das entwickelt...«

Eine neue Familie wird einziehen.

Wieweit sich solcher Wechsel auf die Seele eines kleinen Kindes auswirkt, darüber wissen die Psychologen heute noch nichts Eindeutiges zu sagen. Die Situation ist neu. Die »freiwillige Familie«, wie der Soziologe Friedhelm Neidhardt das Wohnkollektiv nennt, weicht bewußt von der Festgefügtheit der Kleinfamilie, ihren traditionellen Regeln ab und gibt damit auch Geborgenheit auf. Sie befindet sich noch mitten im Lernprozeß, am Anfang ihrer Erfahrungen. Daß das Verhältnis zum Besitz tiefer im Menschen verwurzelt ist, als er in gutem Willen annimmt, ist eine frühe Erfahrung, die keiner Wohngruppe erspart bleibt, am wenigsten denen, die sich wie Grautvornix aus Berufstätigen zusammensetzen, aus unterschiedlich Verdienenden. Schon vor dem Einzug war hier auf theoretischer Basis vereinbart worden, daß der gemeinsame Haushalt von den einzelnen je nach der Höhe ihres Einkommens finanziert werden sollte. Trotz dieser grundsätzlichen Einigkeit kamen in der Praxis die alten Befürchtungen und Ressentiments an die Oberfläche: mehr Verdienende fürchteten um ihren Komfort, weniger Verdienende hatten Hemmungen, »ausgehalten« zu werden. »Erheblicher Konfliktstoff«, notierte ein Gruppenmitglied nach einigen Wochen des Zusammenlebens nüchtern. Und: »Unüberwindlich scheint auch jetzt noch die Abneigung einzelner Gruppenmitglieder zu sein, sich selbstgesetzten Aufgaben wie Reinigungs- und Einkaufsdienst zu unterwerfen.«

Nach zwei Jahren bezeichnet die Gruppe ihr Finanzierungssystem als eingespielt. Die festen Kosten wie Miete, Strom, Fernsehgebühren, Zeitungsabonnements, Wasser, Müllabfuhr sind auf die einzelnen Gruppenmitglieder nach der Höhe ihres Einkommens aufgeteilt. Die Frage des Reinigungs- und Einkaufsdienstes ist Routine. Auch ohne den Plan an der Küchenwand weiß jeder inzwischen, wann er mit den Pflichten an der Reihe ist. Auf gemeinsame Rechnung werden Grundnahrungsmittel, Waschmittel, Putzmittel eingekauft. Mag sein, daß gewisse Ansprüche der Gründerzeit an ein vollkommenes Zusammenleben etwas nachgegeben haben. Gekocht und gegessen wird in der Regel nicht gemeinsam. Die Geschirrspülmaschine neben den Herden bleibt weitgehend unbenutzt, weil, wie Mieke sagt, es schwer zu organisieren ist, wer sie aus- und einräumen soll.

»Ideologische Erwartungen, die gehen schief«, sagt Jürgen, Mitte Dreißig, Betriebswirt und Rationalisierungsfachmann, der von Anfang an alle Konflikte mit durchgestanden hat. »Die Gruppe ist auch kein Allheilmittel für Probleme bei der Kindererziehung und keine Patentlösung bei Partnerschwierigkeiten.«

Er sitzt mit seiner Freundin Frauke beim Abendessen. Dosenfisch, Weißbrot, Orangensaft vom Großmarkt. Jürgen: »Ich bin an und für sich ein penibler Mensch, sehr ordentlich, bürgerlich, von klein auf so erzogen. Eine Wohngemeinschaft, das Leben in einer Gruppe, das lag überhaupt nicht in meinen Vorstellungen. Durch Zufall kam ich in diese Kreise. Bei einer Tagung sagte jemand, daß es so etwas gibt und ob man es nicht eigentlich mal versuchen sollte.

Damals hatte ich ziemliche private Schwierigkeiten. Die Idee kam mir gut vor. Meine Frau war auch dafür. Meine damalige Frau.«

Er sagt: »Der Tag, an dem wir hier eingezogen sind – der Möbelwagen ist vorgefahren, und die andern standen alle schon am Fenster und winkten –, das war der schönste Tag in meinem Leben.«

Seine Ehe ist inzwischen geschieden. Die Hoffnung, die zur Qual gewordene Beziehung könne sich im offeneren, geselligen Rahmen wieder erholen, hat sich nicht erfüllt. Es zeigte sich auch in anderen Fällen, daß die Gruppe nicht glättet und ausgleicht, sondern eher zur Auseinandersetzung herausfordert, vorhandene Probleme aufdeckt. »Wenn Leute Knatsch haben, kriegen das die anderen auch mit. Das ist eine gewisse Gefahr für eine Zweierbeziehung ganz allgemein. Andererseits entfällt die autoritäre, selbstsichere Haltung, mit der ein Partner den anderen tyrannisieren kann.« Jürgens Frau ist in eine andere Wohngemeinschaft gezogen. Sehe ich zuviel Probleme? Zuviel Kleinkram? Habe ich es bequemer erwartet? Manchmal während der zwei Tage meines Besuchs in Steilshoop bin ich erschöpft, manchmal fasziniert, manchmal überfordert und erdrückt von den vielen Menschen in diesem Haus, ihren Zielen, Plänen, Bemühungen. Gelegentlich ereilt mich auch der Gruseleffekt, den der Berliner Psychologe Helmut Kentler, der selbst in einem Kollektiv lebt, als Begleiter öffentlicher Neugier beschreibt: »Man empfindet die Existenz von Wohngruppen als Angriff auf eigene Gewohnheiten und Überzeugungen…, man wittert nichts Gutes hinter Experimenten, bei denen es darum geht, nicht nur bessere Alternativen, sondern sogar ›Gegeninstitute‹ zur Familie zu entwickeln.«

Ich lerne Phoebe kennen.

Phoebe ist anderthalb Jahre alt, ein kleines Mädchen mit silberblonden Haaren und einem Windelpaket in den Hosen. Sie ist in eine Gruppe hineingeboren, zu einem Zeitpunkt, als die Ehe ihrer Eltern schon in einer schweren Krise steckte. Heute leben ihre Eltern getrennt – nicht geschieden, sie wollen sich eine Atempause einräumen. Phoebe wird abwechselnd von beiden versorgt, und wenn beide (Studenten) in den Vorlesungen sind, gibt es immer jemanden, der sich um sie kümmert. Zum Beispiel Gudrun, Sozialpädagogin, Mitglied der Gruppe Rote Rübe. Wir liegen in tiefen Sesseln irgendwo, ich habe es schon aufgegeben, die Wohnung, in der ich mich gerade befinde, einzuordnen. Phoebe macht Purzelbäume auf dem Boden. »Ich frage mich manchmal«, sagt Gudrun, »was aus ihr geworden wäre, was sie wohl für Schäden hätte, wenn alles, die ganze Ehe der Eltern, allein auf das Kind getroffen wäre.«

Das stimmt. Der Familienkrieg hat Phoebe weitgehend verschont. Aber dafür ist ein anderes Problem entstanden: Von allen mit denen Phoebe umgeht, liebt sie Gudrun am meisten. An ihr hängt sie, von ihr läßt sie sich ins Bett bringen. Nächsten Monat wird Gudrun ausziehen. Pech für Phoebe.

Steilshoop 26 Jahre später: Ein kläglicher Untergang

von Stephan Lebert

Von dem großen Projekt sind ein paar traurige Zeitungsartikel übrig geblieben. Zum Beispiel schreibt *Die Welt* vom 13. Juni 1978 unter der Überschrift »Probleme mit dem Wohnen von morgen«: »... Was ist aus dem Versuch geworden? Der erste Eindruck ist nicht sehr günstig. Das Haus wirkt heruntergekommen und vernachlässigt. Die Bewohner berichten von Krisen, Fehlschlägen, Mietrückständen und Mangel an Gemeinsinn.« »Der Pioniergeist ist ihnen abhanden gekommen«, urteilt Ferdinand Gatermann, Sprecher der Wohnungsgesellschaft SAGA, die das Haus zur Verfügung gestellt hat.

Weiter steht in dem Artikel, der zweieinhalb Jahre nach unserem damaligen Bericht erschienen ist: »Von den Bewohnern des Jahres 1973 lebt fast niemand mehr im Haus. Auch die Gruppe Wolf besteht nicht mehr. In ihr waren vier Einzelkindfamilien vereinigt, mit eigenen Wohnbereichen rund um die gemeinsame Küche und drei Gemeinschaftsräumen. Die vier Einzelkinder wuchsen fast wie Geschwister miteinander auf. Niemand weiß, warum die Gruppe auseinandergegangen ist. Schade, dass nicht einmal der Versuch gemacht worden ist, das Scheitern dieser Idee wissenschaftlich zu untersuchen ...«

Und in dem Artikel heißt es: »Die Krisen der letzten Monate haben die Verantwortlichen des Modellvereins zum Nachdenken veranlasst. Wie überall, so läuft auch hier nichts ohne die Initiative Einzelner. Und in letzter Zeit ist so gut wie nichts gelaufen ... Aber man hat Geduld miteinander und berücksichtigt, dass viele von den neuen Bewohnern bisher allein gelebt haben und das Zusammenleben erst lernen müssen.«

Zwei Jahre später erscheint im Februar 1980, wieder in der *Welt*, ein Artikel, der so beginnt: »Eine 18-Zimmer-Wohnung in einem Mietshaus des sozialen Wohnungsbaus – so etwas hat es in Hamburg tatsächlich einmal gegeben. Sie war Teil des vor sechseinhalb Jahren begonnenen Wohnmodells Steilshoop im Bezirk Wandsbek. Statt jedoch große Wohngemeinschaften anzulocken, stand die Riesenwohnung mehrere Monate leer. Niemand wollte einziehen. Dann wurden neue Trennwände eingezogen, Badewannen und Toiletten installiert und damit drei kleinere Wohneinheiten geschaffen. Sofort fanden sich Wohngemeinschaften, die dort einziehen wollten.

Das ist eine der Erfahrungen, die in dem Wohnmodell gemacht wurden: Entgegen der Vorstellungen der Initiatoren wollen Mitglieder einer Wohngemeinschaft höchstens mit sechs Leuten zusammenwohnen, um noch zu jedem Gruppenmitglied eine überschaubare Beziehung haben zu können.« Der Artikel berichtet auch über finanziellen Ärger: »Der Verein hat inzwischen gelernt, daß Selbstverwaltung auf der Grundlage von sozialem Verständnis und Hilfsbereitschaft allein nicht funktioniert. Seit eineinhalb Jahren muß der Verein über einen Rechtsanwalt ausstehende Mietgelder eintreiben, für die er als Hauptmieter dem Eigentümer, der gemeinnützigen Wohnbaugesellschaft SAGA gegenüber verantwortlich ist. Die SAGA informiert den Verein monatlich über den Stand des Mietkontos. Das Wohnungsunternehmen unterstützt das Experiment nach wie vor: Es stundete dem Verein 62 000 Mark Mietschulden aus leer stehendem Wohnraum und bezahlte über 200 000 Mark für die Umwandlung der 18-Zimmer-Wohnung. Die ursprünglich eingeplante Flexibilität der Wände als auch die bedürfnisgerechte Veränderung der Innenwände samt zusätzlicher sanitärer Einrichtungen ist in der Praxis recht kostspielig geworden … Die Trostlosigkeit der grauen Betonumwelt vertreibt jedoch viele Mieter aus Steilshoop. Das Treppenhaus zum Wohnmodell Steilshoop macht einen heruntergekommenen Eindruck …«

Im Jahr 1983 erscheint in der *taz* noch ein letzter Artikel, der wenigstens noch ein wenig mit dem einstigen Projekt zu tun hat. Das ursprüngliche Projekt existiert nicht mehr, aber eine Gruppe von Leuten aus dem Verein wollen in ein neues, leer stehendes Haus mit städtischen Fördergeldern ziehen. Die *taz* schreibt:

»Inzwischen hatte die Bezirksversammlung Mitte einstimmig beschlossen, das Haus vor dem Abriss zu schützen und es zur Nutzung im Sinne des Wohnmodells freizustellen. Eifrige Bemühungen der SAGA, die die unbequemen Mieter aus Steilshoop endlich loswerden will (und vertraglich dazu verpflichtet ist, Ersatzwohnraum zu beschaffen) dürften insgesamt auch eine Rolle spielen.«

Friedhelm Neidthart ist in der *Brigitte* des Jahres 1976 bei der Beschreibung des Projektes Steilshoop mit dem Begriff der »freiwilligen Familie« zitiert worden. Damals war er einer der führenden Denker der Familiensoziologie. Heute winkt er ab: Nein, er sei auf diesem Gebiet kein Experte mehr, schon lange nicht. Er habe sein Leben immer so eingerichtet, dass er sich gerade mit den Themen befasst habe, die ihn jeweils persönlich beschäftigten. »Damals kamen meine Kinder auf die Welt, da war das für mich natürlich sehr interessant.« Ach, sagt er, die Siebzigerjahre: Das war eben die Zeit, in der man an die großen Lebensentwürfe dachte. Man müsse nüchtern feststellen, dass alle großen Modelle, die Familie betreffend, gescheitert seien. »Alle haben damals die Beharrlichkeit kultureller Errungenschaften unterschätzt.«

Übrig geblieben, sagt Neidthart, sei die Kleinfamilie, »die Vision der Kleinfamilie.« Ein einziges Überbleibsel der einstigen grandiosen Idee gebe es noch, und zwar »wie viele Väter in Vaterschaftsurlaub gehen, also wie viele Männer aktiv mitwirken an der Familie.« Er sei über die Zahlen nicht so informiert, »aber die richtige Revolution ist da auch nicht ausgebrochen«. Ja, so ist das. Und dann erzählt der Soziologe, der in Berlin lange Jahre das renommierte Wissenschaftszentrum leitete, lieber von den Themen, mit denen er sich in letzter Zeit befasst habe, Terrorismusforschung, Medien. »Davon könnte ich Ihnen erzählen, aber Familie, nein, das ist vorbei.«

Was bleibt? Von den großen Träumen, von den kleinen? Von einer Beziehung, von einer Wohngemeinschaft, von einer neuen Bergarbeiterehe, von einer offenen Liebe? Was blieb von dieser kleinen Reise durch Deutschland, unterwegs in Sachen Eheglück?

Mir ist aufgefallen, dass all die Paare ein ziemlich gutes und intensives Verhältnis zu ihren Kindern haben. Dass die Kinder ein wesentlicher Mittelpunkt ihres Lebens sind, obwohl die Kinder längst groß und aus der elterlichen Wohnung ausgezogen sind. Die Kinder: Nach den 30 Jahren sind sie vielleicht der bedeutsamste Pluspunkt, wenn die Eltern, getrennt oder nicht, Bilanz dieser Zeit ziehen. Keiner jammerte, weder Mutter noch Vater, was man wegen der Kinder alles hatte aufgeben müssen. Vielleicht ein wenig nüchtern festgestellt: Gefühlsmäßig scheint sich die Investition Kind zu lohnen.

Es ist doch wohl so, dass Kinder einen bestimmten Lebenslauf vorgeben, der letztlich kaum ein anderes Fazit zulässt. Es scheint jedenfalls eines der vielen Widersprüche auf diesem Gebiet zu sein: Kaum einer wird bestreiten, wie toll Kinder sind. Und doch bekommt jede Frau in der Bundesrepublik im Schnitt nur

1,4 Kinder. Die Zahl der kinderlosen Frauen wächst, erstaunlicherweise aber auch die Zahl der Frauen, die prinzipiell Kinder haben wollen.

Im Jahr 1989 wurden in der DDR und Ostberlin 198 922 Kinder geboren, schon im Jahr 1992 waren es in den neuen Ländern nur noch 88 320. Das mag daran liegen, dass die DDR ein ziemlich gutes Kinderbetreuungssystem hatte. Aber wahrscheinlich auch daran, dass plötzlich Frauen so viele verschiedene Lebensmöglichkeiten hatten – und sich durch Kinder jetzt nicht so gerne in der Gestaltung ihres Lebens festlegen wollten.

Wie auch immer, es wäre jedenfalls auch spannend, kinderlose Paare zu besuchen, im Abstand von ein paar Jahrzehnten, um festzustellen, wie die sich so durchgeschlagen haben.

Noch etwas ist mir aufgefallen bei dieser Recherche, und zwar an mir. Mein Blick auf die Paare in meiner Umgebung hat sich verändert: Wie werden die Geschichten wohl weitergehen? Streiten die beiden nicht etwas häufig in letzter Zeit? Oder ist vielleicht gerade das gut? Wieder ist dieses Gefühl da: Wie es wohl wäre, wenn ich die Liebesgeschichte der Freunde wie auf dem Videorecorder nach vorne spulen könnte? Was für Momente würde man da sehen?

Kann ich ein Fazit ziehen aus all den Ehestories, die wir verfolgt haben über drei Jahrzehnte? Die Bergarbeiterfamilie in Recklinghausen. Der glückliche Polizist in Berlin. Die melancholische Lehrerin in Osnabrück. Die zweite Heirat in München. Die offene Ehe in Bonn. Die verschwundene Wohngemeinschaft in Hamburg.

Max Frisch hat einmal geschrieben, dass die Liebe zu einem Menschen in dem Moment erlischt, wenn man genau zu wissen glaubt, wer und wie der andere ist.

Es kann also eine Gefahr sein, zu theoretisch sein zu wollen auf dem Gebiet der Ehe. Das Fazit meiner deutschen Reise? Vielleicht nur: Es ist ziemlich rührend und auch beeindruckend, wie Menschen versuchen miteinander klarzukommen, eigentlich egal, was dabei herausgekommen ist. Ich hatte zu Beginn die Furcht, eine Reise in die Depression anzutreten. Die Furcht war unbegründet.

Deutsche Ehepaare. Von großen Projekten ist keine Rede mehr. Nur Zahlen gibt es noch. Im Jahr 2000 wurden 417 420 Ehen geschlossen und 192 416 Ehen geschieden. Diese Zahlen sind in den letzten acht Jahren ziemlich konstant geblieben. Mehr als jede dritte Ehe in Deutschland wird geschieden, in den Städten bald jede zweite. (Apropos zweite: Der neue Anlauf beim Heiraten, also die zweite Ehe, scheitert häufiger als der erste Versuch, und die dritte noch häufiger). Dazu kommt eine Dunkelziffer: Paare, die längst getrennt sind, sich aber nicht scheiden lassen.

Andererseits: 81 Prozent der westdeutschen und 65 Prozent der ostdeutschen Kinder wachsen während ihrer gesamten Kindheit und Jugendzeit »in einem Eltern-Kind-Verhältnis auf, das dem Normalitätskonzept in vollem Umfang entspricht«, wie das deutsche Jugendinstitut im Jahr 2001 festgestellt hat.

Und noch mal andererseits: Nach einer *Spiegel*-Umfrage glauben 70 Prozent der Jugendlichen in Deutschland, dass eine Liebe ein Leben lang halten kann. Und 90 Prozent wollen später »ganz sicher« heiraten.

Viele wollen es. Und viele können es dann nicht. Der Soziologe Ulrich Beck nennt es die »Utopie der glücklichen Kleinfamilie«. Auch Gerhard Schröder hat als Privatperson, gleich ein paar Mal, versucht, diese Utopie zu leben. Und als Politiker versucht er sie zu steuern. Für ihn, sagte der Kanzler im Wahlkampf 2002, seien die meisten Fragen, die es zu lösen gelte, »auf die eine oder andere Weise mit der Familie verknüpft«.

Das Ehepaar Baaske und andere im Jahr 1977: Das Eheglück aus dem Computer

von Ursula Lebert

Sie ist eine hübsche Frau, schlank, braune Locken, strahlendes Lächeln. Eine Frau, nach der sich die Männer umdrehen. Nein, Kontaktschwierigkeiten hatte sie nicht, aber auch kein Glück. Ihr Verlobter starb bei einem Verkehrsunfall. Damals war sie zwanzig. Was danach kam, war nicht das Rechte: ein paar Freundschaften, die Beziehung schließlich zu einem sehr kranken Mann. Sie zog kurz mit ihm zusammen, trennte sich dann von ihm.

Mit 25 Jahren lebte sie allein in München, mit einem Job als Sachbearbeiterin in einem Reisebüro, einer eigenen Wohnung und stets irgendwelchen Verabredungen, nur ohne jemanden, wie man sagt, der zu ihr gehörte. Heute glaubt sie, daß sie damals überhaupt nicht wußte, was sie wollte, daß sie immer unterwegs sein mußte, auf Festen, mit ständig neuen Leuten – nur um nicht zum Nachdenken zu kommen.

Eines Tages las sie während der Mittagspause in der Zeitung (rein zufällig, sagt sie) unter der Rubrik »Heiratswünsche« eine Anzeige: »Sympathischer Junggeselle, 31, 176, mit anzeigenüblichen Vorzügen, sucht erstmals auf diese Weise sein Traummädchen. Auch wenn Sie noch nie auf eine Annonce geantwortet haben – diesmal sollten Sie es versuchen. Nehmen Sie sich ein Herz, Sie werden es nicht bereuen!!!«

Irgendwie gefiel ihr der Text mit den drei Ausrufezeichen. Sie setzte sich hin und schrieb eine kurze Karte: daß sie tatsächlich zum ersten Mal auf eine Annonce antworte, und er möge sie doch anrufen, wenn er Lust habe.

Kurz darauf verreiste sie ein paar Tage. Als sie zurückkam, hatte sie die Angelegenheit fast vergessen. Aber dann stand er auf einmal vor der Tür, der sympathische Junggeselle, an einem Samstagabend kurz vor sieben. Er hatte sie in der Zwischenzeit ein paarmal angerufen und sie nicht erreicht. Er war mit acht anderen Frauen, die er aus den Zuschriften in die engere Wahl genommen hatte, nacheinander zum Essen ausgegangen. Das »Traummädchen« war nicht dabei.

Sie machten sich miteinander bekannt, ein bißchen förmlich und befangen. Michael S., sehr angenehm. Andrea Neuberger. Sie sagt: »Ich wollte an dem Abend eigentlich noch in eine Diskothek gehen, aber das habe ich gleich gestrichen. Er hat mir sofort gefallen. Seine ernsthafte, offene Art. Er hat gar keinen Schmus gemacht. Das war ja zwischen uns nicht nötig. Ich wußte, er sucht jemanden. Er wußte, ich auch. Wir setzten uns in eine Eisdiele, später in ein Restaurant, danach sahen wir uns die Spätvorstellung im Kino an. Um sechs Uhr früh sind wir noch zusammengesessen und haben uns unser Leben erzählt.«

Er wohnte allein in dem Haus, das er sich vor der Stadt gebaut hatte, und war des Alleinseins müde, wie man so sagt. Die Beziehung zu einer Frau war vor einigen Monaten auseinandergegangen, sie hatte ihn verlassen. Wählerisch, sensibel, eher ein Einzelgänger, war er nicht der Mensch, der im Handumdrehen eine neue Partnerin findet. Er ging nicht gern auf Partys, tanzte nicht gern. Außerhalb seines Arbeitsbereiches als Personalleiter eines Kaufhauses lernte er kaum jemanden kennen. Deshalb hatte er, nach reiflicher Überlegung, die Anzeige aufgegeben.

Seit einem Jahr leben sie nun schon miteinander. »Wir haben festgestellt, daß jeder von uns für den andern das Tüpfelchen auf dem i ist«, sagt Andrea. »Wir haben alles gefunden, was wir je gesucht haben... Ich bin durch ihn zur Ruhe, zu mehr Selbstsicherheit und Ausgeglichenheit gekommen. Und er hat sich von meiner Reiselust anstecken lassen. Wir planen jetzt gerade eine Amerikareise.« Sie sagt überzeugt: »Wir sind ein Glücksfall.«

Auf den Glücksfall, auf den Zufall, daß wir einen Partner treffen, zu dem wir wirklich ideal passen, können wir unter Umständen lange warten und vielleicht sogar vergeblich. Wir haben im allgemeinen keine große Auswahl bei der Partnerwahl. Drei bis vier Begegnungen mit Personen, die als Partner in Frage kommen, sind uns im Leben beschieden. Drei bis vier Begegnungen, die mehr sind als unverbindliche Bekanntschaften. Diese nicht gerade überwältigende Zahl ist nach Untersuchungen und Befragungen als Durchschnittswert pro Bundesbürger errechnet worden.

Wer einen Beruf hat, der ihn viel unter Leute führt, wer von Natur gesellig und kontaktfreudig ist, bei dem mögen es mehr sein. Der Schwierige, Schüchterne, Differenzierte hat oft Mühe, seine »Quote« überhaupt zu erreichen.

»Ich bin ganz sicher«, sagte kürzlich ein Vierzigjähriger zu dem Psychotherapeuten und Eheberater Dr. Karl Herbert Mandel, »daß es irgendwo eine Frau gibt, mit der ich glücklich geworden wäre. Ich habe sie bloß nicht kennengelernt.« Er hatte seine Frau, eine Jugendfreundin, in dem gemeinsamen kleinen Heimatort geheiratet, war mit ihr in die Großstadt gezogen und hatte im Lauf der Zeit immer deutlicher gemerkt, »wie wenig wir eigentlich zusammenpassen, wie wenig wir uns zu sagen haben«.

Es werden bestimmt nicht wenige Ehen geschlossen, weil man schon so lange miteinander »geht«, weil man keinen anderen Partner kennengelernt hat, weil man Angst hat, keinen besseren zu finden, weil man nicht allein bleiben will.

Das Heiratsinserat ist ein altes Mittel, enge Lebenskreise zu erweitern, Gelegenheiten zu schaffen, Kontakte zu erleichtern. In Deutschland erschien die erste derartige Annonce vom 8. Juli 1738 in den *Frankfurter Frag- und Anzeige-Nachrichten*: »Ein honettes Frauenzimmer ledigen Standes, guter Gestalt, sucht einen guten Doctor oder Advocaten ledigen Standes, so groß und wohl aussieht.«

Wie viele Ehen heutzutage durch Heiratsanzeigen gestiftet werden, ist statistisch bisher nicht aufgeschlüsselt. Die Schätzung liegt bei etwa zwei Prozent der gesamten Eheschließungen. Wahrscheinlich, so vermutet der Wiesbadener Soziologe Dr. Peter Kaupp, sind es in Wirklichkeit mehr. Immerhin kommen auf ein Inserat im Durchschnitt zwölf Antwortbriefe. Paare, die auf diesem Weg zusammengefunden haben, sprechen aber hinterher offenbar nicht gern darüber.

Alle Zahlen übertrifft eine moderne Methode der Partnerwahl: Bei der Vermittlung durch Computerverfahren stehen nicht zwölf, sondern theoretisch zigtausend Personen zur Wahl.

Der Amor unserer Zeit ist eine mit den persönlichsten Daten von alleinstehenden Männern und Frauen gefütterte, wissenschaftlich programmierte, elektronisch gesteuerte Maschine, die in der Lage ist, jeden weiblichen Bewerber mit jedem männlichen Bewerber zu vergleichen und zu entscheiden, ob ihre Eigenschaften zusammenpassen oder nicht.

Man nennt das in der Fachsprache »verpaaren«. Der Computer »ER« System 360, Modell 50 im Münchner IBM-Rechenzentrum richtete einen förmlichen Brief an den Teilnehmer 01249: »Sehr geehrter Herr Lothar Heller. Nach Auswertung der Personalbögen von mehr als 20 000 Teilnehmern freuen wir uns, Ihnen heute die Adressen von Menschen mitteilen zu können, die nach dem neuesten Stand der Forschung besonders gut zu Ihnen passen.« In diesem Fall folgte als Anhang nur eine einzige Adresse. Zu 01249, Drogistenlehrling aus Würzburg, 20, paßt offenbar ausschließlich die Nummer 01755, kaufmännische Angestellte aus Coburg, 19 Jahre alt, Vorname Helga.

Die Kontaktaufnahme fand schriftlich statt. Lothar schrieb an Helga, Helga antwortete. (Ihr waren übrigens noch vier andere Adressen zugeteilt worden – unnötigerweise, wie sich erwies.) An einem Samstagmorgen fuhr sie von Coburg nach Würzburg, stand vor der Drogerie, in der

Lothar arbeitet. Sie ging hinein. Drinnen bedienten mehrere Angestellte. Ganz hinten räumte einer auf der Leiter Dosen in ein Regal. Sie dachte sofort: Das ist er. Er drehte sich um, sah sie und dachte: Das ist sie. Sie brauchten den Codesatz, den sie ausgemacht hatten – »Bitte ein Pfund Schmierseife als Brotaufstrich« –, gar nicht.

Man kann da nur sagen: Sie waren auf der Stelle ein Herz und eine Seele. Am Sonntagabend wollte Helga wieder zurückfahren nach Coburg. Aber dann fuhr sie erst am Montagmittag. Am Vormittag kauften sie die Verlobungsringe. »Mein lieber Lothar«, schrieb sie, kaum daheim, »nun bin ich schon wieder drei Stunden in Coburg und denke immer noch, daß ich das alles nur geträumt habe.«

Das ist mittlerweile zwölf Jahre her. Die beiden hatten sich damals an der Aktion »Rendezvous 67« der Zeitschrift *Twen* beteiligt. Heute sind Helga und Lothar Heller elf Jahre verheiratet.

»Wir sind ein schrulliger Zweipersonenhaushalt geworden«, sagt Helga fröhlich. »Ganz auf unsere beiderseitigen Eigenheiten eingestellt.« Beide sind Einzelkinder, von klein auf gewöhnt an eine gewisse Eigenbrötelei. Die gestehen sie sich auch im Zusammenleben zu. Sie sind nicht der Ansicht, daß man jeden Gedanken teilen muß. Eine Krise hat es in ihrer Ehe bisher nicht gegeben, jedenfalls keine ernste...

Der Traum scheint erfüllbar: den Menschen zu finden, unter Millionen, der dem Ideal am nächsten kommt.

Auf dem Fragebogen eines Partnerprogramms werden klare Fragen gestellt, mit Kreuzchen zu beantworten: Wen mögen Sie lieber, Brandt, Strauß? Möchten Sie Kinder haben? Finden Sie, daß die sexuelle Harmonie wichtig ist für das Gelingen einer Ehe? Wollen Sie in Ihren Ferien faulenzen, wandern? Lesen Sie Sachbücher, Abenteuerromane, Lyrik? Wieviel verdienen Sie?

Beruf, Einstellungen, Interessen und Neigungen werden da ziemlich deutlich abgeklärt. Der Computer vermeidet es, Extreme zusammenzubringen, er sieht mögliche Komplikationen bei bestimmten Paarungen voraus.

Er ist vernünftig. Sein Verstand setzt nicht aus bei einem gewissen Lächeln oder beim Anblick hübscher Beine. Der erste (optische) Eindruck, der so häufig eine große Rolle spielt und so häufig täuschen kann, interessiert ihn nicht. Er ist unbestechlich und unverführbar.

Partnerwahl mit Hilfe des Computers verwirklicht Voraussetzungen, die nach Ansicht der Psychologie als optimal für eine beständige Zweierbeziehung einzuschätzen sind: möglichst viel Ähnlichkeit, möglichst große Übereinstimmung, weil damit die Gleichwertigkeit gewährleistet ist. Karl Herbert Mandel: »Die Möglichkeiten, die der Computer bietet, übertreffen die Möglichkeiten des einzelnen Menschen so enorm, daß man das nicht einfach mit dem Argument abtun kann, es sei ja nicht romantisch, und wo bleibe da die große Liebe. In einer Gesellschaft, in der immer mehr Menschen unter Kontaktängsten, Kontaktschwierigkeiten leiden, ist es durchaus denkbar, daß der Computer eine Zukunft hat – weil er Probleme löst, weil er hilfreich ist.«

Für den Kieler Bevölkerungswissenschaftler Professor Dr. Hans W. Jürgens ist es gar keine Frage, daß dem Computer als Heiratsvermittler die Zukunft gehört: »Die Gewohnheit, die Wahl des Partners aus Zufall oder aus einer Stimmung heraus zu treffen und dann eine Ehe zu schließen nach dem Prinzip: Probieren wir's mal, vielleicht geht's schief – diese Gewohnheit hat sich nicht bewährt. Das sehen wir an den steigenden Scheidungs- und den sinkenden Heiratszahlen. Demgegenüber stehen unsere Untersuchungsergebnisse aus einer zehnjährigen vergleichenden Beobachtung und Befragung von dreitausend ›Normalehen‹ und ›Computerehen‹ in fünf Bundesländern: Die sind fast dreimal so stabil wie die Ehen, die sich aus Zufallsbekanntschaften ergeben hatten. Von diesen Ehepaaren sagten 40 Prozent, sie seien sehr glücklich. Im Vergleich sagten Ehepaare, die sich auf die übliche Weise kennengelernt hatten, nur zu 19 Prozent, daß ihre Ehe sehr glücklich sei.«

Professor Jürgens sieht hier eine Aufgabe des Staates, seinen Bürgern bei der Partnerwahl behilflich zu sein: »Die Tschechoslowakei hat vor einigen Jahren als Unterabteilung des Innenministeriums ein staatliches Ehevermittlungsinstitut mit Computerprogramm aufgebaut, bei dem ich beratend mitgewirkt habe. Das Ziel war rein bevölkerungspolitisch. Die Leute heirateten nicht und kriegten keine Kinder. Inzwischen sind durch den Computer dort mehr als eine Million Ehen gestiftet worden, und die Geburtenraten haben sich verbessert.«

»Partnervermittlung als fortschrittliche, moderne, soziale Dienstleistung«, zur Minimalgebühr von etwa zwanzig Mark – ist das wünschenswert?

Eigentlich wollten sie gar niemanden fürs Leben, als sie an der *Brigitte*-Aktion »Treffpunkt 77« teilnahmen. Die Kinderkrankenschwester Ingrid Maier, 31, und der Stahlkaufmann Wolfgang Baaske, 33, wollten bloß nette Leute kennenlernen. Der Computer sortierte sie aus 40 000 Teilnehmern füreinander aus. Sie trafen sich zum ersten Mal zusammen mit anderen Kandidaten von ihrer Adressenliste in einer Weinstube. Dann nur zu zweit auf einem kleinen Fest in seiner Firma, zu dem er sie eingeladen hatte. »Wir haben uns unheimlich gut verstanden.« Dann haben sie die Möbel aus ihren beiden Appartements zusammengetan und sich eine gemeinsame Wohnung gemietet. Weil sie den gleichen Geschmack haben, brauchten sie nichts auszusondern. Alles paßte zusammen, sogar die Topfpflanzen.

Am 7. September 1979 war die Hochzeit. Wir von *Brigitte* wünschen ihnen dazu viel, viel Glück. Denn wenn der Computer auch alles in die Wege leiten kann – die Ehe, die müssen zwei Menschen immer noch selber führen.

Das Ehepaar Baaske im Jahr 2002 und ein persönliches Fazit

von Ursula Lebert

Am 11. Mai 2002 haben sie ihr 25-jähriges Kennenlernen gefeiert. In zwei Jahren ist Silberhochzeit. Ingrid und Wolfgang Baaske sind zusammengeblieben, kommen nach wie vor gut miteinander aus. Zwei gleichgestimmte Seelen. Ob sie ihr Glück tatsächlich dem Computer verdanken, der diese Übereinstimmung herausgefunden hat? Darüber denken sie eigentlich kaum nach. Sie können sich auch kaum mehr an die Testfragen erinnern, auf Grund deren Beantwortung sie sozusagen füreinander ausgewählt worden sind. Im Rückblick erscheinen die nicht mehr wichtig. Im Rückblick bleibt nur bestehen, dass sie sich durch die Aktion Treffpunkt 77 kennen gelernt haben. Dass dadurch Liebe entstanden ist, ist doch wohl eher Zufall, meinen sie.

Der Stahlkaufmann und die Kinderkrankenschwester. Sie sind miteinander älter geworden, und wie bei allen Menschen hat sich auch bei ihnen im Lauf der

Zeit etliches verändert. Vor zehn Jahren beschloss Wolfgang Baaske, aus der Existenz des Stahlkaufmanns auszusteigen. Er hatte einfach genug. Sein bisheriges Hobby, das Sammeln von Karikaturen, erschien ihm als ein sehr viel befriedigenderer Beruf. Jetzt handelt er mit Karikaturen und Cartoons, vermittelt ihre Veröffentlichung. Macht Spaß, sagt er. Am Anfang so aus dem Stand was völlig Neues anzufangen, das war schon ein Sprung – na ja, ins lauwarme Wasser. Natürlich hat das Ehepaar alles lang und genau abgesprochen. So was kann man nicht allein entscheiden.

Ingrid Baaske ist Kinderkrankenschwester. Selbst haben sie keine Kinder. Vor einem Jahr entschlossen sie sich zu einer zweiten abrupten Veränderung. Sie gaben die Wohnung in München auf und zogen nach Mühlheim an der badisch-elsässischen Grenze. Von der Großstadt in die Weinberge. Ingrid fand dort gleich eine neue Stelle in der Klinik. Sie fühlen sich wohl, genießen das weiche Klima, Spaziergänge in der Natur, das gute Essen in der Rheingegend. Sie waren von jeher gern in Urlaub hierher gefahren. Urlaub und Alltag sind natürlich was anderes, aber bei ihnen hat es keine Umstellungsschwierigkeiten gegeben.

Sie haben nie größere Schwierigkeiten miteinander gehabt. Aber so groß ist die Harmonie auch nicht gewesen, dass es langweilig wurde. Verschiedene Interessen gestanden sie sich immer zu. Ingrid Baaske interessierte sich beispielsweise für China. Vor dem Massaker auf dem Platz des Himmlischen Friedens in Peking unternahm sie mit einem deutsch-chinesischen Freundeskreis mehrere Chinareisen ohne Touristenprogramm. Das Land faszinierte sie. Ihn weniger. Aber er unterstützte ihre Reisepläne, »schon weil sie danach so toll viel zu erzählen hatte«. Es besteht, sagt sie, in einer Ehe ja immer die Gefahr, dass man zu sehr aneinander klebt. Das finden sie beide überhaupt nicht gut. Das wäre ja langweilig. Fürchterlich. Der Kontakt zu den chinesischen Freunden ist nach dem Massaker allerdings geringer geworden.

An diese Stelle passt ein chinesisches Sprichwort ganz gut: Eine Liebesehe ist ein Topf kochendes Wasser, das auf den kalten Ofen gestellt wird. Und eine Verstandesehe (oder von der Familie organisierte) ist kaltes Wasser, das auf den heißen Herd kommt. Die eine Sache erkaltet, die andere erwärmt sich.

Man kann das auch manchmal von modernen Psychologen hören: Je kopfloser verliebt ein junges Paar ist, desto riskanter die Ehe. In keiner Beziehung, formuliert es der Eheberater Karl Herbert Mandel, hält das Hochgefühl des Anfangs länger als zwei Jahre. »Darüber gibt es präzise wissenschaftliche Untersuchungen.«

Und dann? Was ist dann? In diesem Buch sind wir der Beobachtung nachgegangen, was die Zeit über die Jahre hinweg aus optimistischen, verliebten jungen Paaren so macht. Was sich verändert, was dem Verschleiß des Alltags nicht standgehalten hat. Wir sind auf Trennungen gestoßen, auf Bitterkeit und Unglück. Aber auch auf das, was wir eine glückliche Ehe nennen, auf die Kraft, die tapfere Beständigkeit, mit der zwei

Menschen fast drei Jahrzehnte lang ihr Leben gemeinsam bewältigt haben. Es ist in allen Fällen genug passiert: Krankheit, Misserfolg, Geldnot, der Tod von Angehörigen, hie und da Krisen wegen der Untreue eines Partners. Und dann gab es oft auch immer das gemeinsame Lachen, die Wärme der Zusammengehörigkeit, das Gefühl der Geborgenheit. Die Freude aneinander, Sex eingeschlossen, hat der Psychoanalytiker Horst Eberhard Richter einmal das Band genannt, das nach dem Abklingen der ersten Verliebtheit durchaus noch da ist und lebenslang halten kann.

Von dem Rocksänger Joe Cocker, auch nicht mehr der Jüngste, gab es unlängst in einem Interview eine schöne Liebeserklärung an seine Frau. »Wir kommen einfach gut miteinander klar. Ich freue mich, wenn ich sie sehe, wenn ich ihre Stimme am Telefon höre, wenn wir uns anfassen.« Und das nach 23 Jahren Beziehung, davon 15 Jahre Ehe. Allerhand für einen Popstar.

Wann ist eine Ehe glücklich?

Ich war selber 40 Jahre verheiratet bis zum Krebstod meines Mannes. Wenn ich diese Zeit beschreiben soll, fehlen mir irgendwie die Worte. Wir haben sehr vieles zusammen erlebt, manchmal hat den einen ein Schmerz getroffen, der ihn tiefer berührte als den anderen. Der Tod eines Kindes nach der Geburt war für mich sicher schwerer zu verkraften als für meinen Mann, dafür hat er unendlich gelitten unter dem Tod seines sehr geliebten Vaters. Wir haben gestritten, waren sehr oft unterschiedlicher Meinung, was die Kindererziehung betraf, wir hatten Geldsorgen, Autounfälle, wir sind uns auf die Nerven gegangen und haben uns sehr geliebt.

Günstig war natürlich, dass wir denselben Beruf hatten, wir waren beide Journalisten. Jeder hat immer gewusst, woran der andere schreibt, wir konnten uns helfen, uns beraten. Es gab täglich viele Anlässe, miteinander zu reden. Wir waren ein redseliges Paar. Einen Triumph erlebten wir einmal, als in einem Lokal eine Dame vom Nebentisch zu uns kam und fragte, ob es sich bei uns um ein Ehepaar handle. »Mein Mann und ich haben gewettet – sind Sie verheiratet oder nicht? Mein Mann meint nein, weil Sie sich so viel erzählen.« Es ging um eine Flasche Sekt, die haben wir dann zu viert getrunken. Und wir waren stolz, denn wir waren ja immerhin schon ein ganz schön altes Ehepaar.

Ich finde nicht, dass die Geschichten in diesem Buch der Ehe an sich ein problematisches Zeugnis ausstellen. Da gab es in den Anfangsphasen ganz allgemein viel Begeisterung, die starke und rührende Hoffnung, dass man zusammenhalten wird durch dick und dünn, dass man es schaffen wird, sich lieb zu haben bis ans Ende der Tage, nie einsam sein wird, nie mehr. Auch das Scheitern einiger Ehen hat diese Hoffnung nicht vernichtet. Es gab eine neue Ehe, neue Liebe, neues Zutrauen. Zum Heiraten gehört Mut, zum Verheiratetbleiben noch mehr, und zu Trennungen oft am allermeisten.

Und manchmal, liebe Leserinnen und Leser, liebe Eheleute, liebe Verliebte, liebe Lebensabschnittsgefährten – manchmal, ach was: in ziemlich vielen Fällen klappt es ja auch, in guten und in schlechten Tagen.

Nachwort

Rainer Joedecke hat damals die meisten *Brigitte*-Paare fotografiert.
Geboren 4. Mai 1940 – gestorben 21. Januar 2001.
Ein letzter Gruß von Ursula Lebert:

Lieber Rainer,
falls du dich erinnern kannst: Ich bin die, die rechts und links nicht unterscheiden kann und dir deshalb als Beifahrerin auf unseren Reportagefahrten meistens falsche Anweisungen gegeben hat. Wir waren oft unterwegs, du als Fotograf, ich als Reporterin, bei Ruhrkumpeln, ostfriesischen Volksschullehrern, kinderreichen Familien. Unsere Themen waren die ganz normalen Menschen und ihr Alltag. Das fanden wir beide spannend. Und jetzt schreibe ich deinen Nachruf…

Es fällt mir schwer. Nicht nur deshalb, weil der Abschied von einem, den man gern hatte, immer schwer ist. Sondern vor allem, weil du ein so schwer beschreibbarer Mensch gewesen bist. Fotograf? Ja, auch. Ein erfolgreicher, der für große Blätter gearbeitet hat, obendrein. Du warst auch Schreiber. Schriebst wunderbare Reportagen und Geschichten, als dir das Fotografieren irgendwie langweilig geworden war. Geschichten über Selbstmörder, Wildschweinjäger, Einödbauern, Blinde. Du hast gewusst, wie man Menschen fotografieren muss, um ihren Kern sichtbar zu machen. Wie man über Menschen schreibt, damit es den Lesern unter die Haut geht. Du hast nie Samthandschuhe angehabt.

Bis in deine letzten Tage haben dich Filmpläne, Drehbuchideen beschäftigt. In einer kargen Provinz Italiens hast du vor 30 Jahren einen heruntergekommenen Bauernhof gekauft, renoviert, geackert, Weinstöcke gepflanzt – jeden Sommer. Das raue einfache Leben dort hat dich fasziniert, das echte Leben. Irgendwie wolltest du immer reich werden und arm bleiben… Eigentlich warst du ja ein Münchner. Aber du mochtest München nicht, nicht diesen gemütlichen Luxusmief. Also bist du nach Berlin abgehauen, weil das eine härtere, klarere, kämpferische Stadt war. Willy Brandts Berlin.

In Berlin hast du 1962 Ellen geheiratet, ihr habt die Tochter Jessica bekommen, ihr hattet so wahnsinnig wenig Geld. Auf Jahrmärkten und Volksfesten hast du Paare fotografiert mit der grade auf den Markt gekommenen Polaroidkamera und die Fotos an Ort und Stelle verkauft: Ihr habt nicht gehungert. Bekanntschaft mit Cocteau. Sein Angebot, für ein Theaterstück das Bühnenbild zu gestalten. Du warst begeistert, bereit, alles hinzuschmeißen und nach Paris zu gehen, mit Geld, das deine Frau geliehen hat. Cocteau starb wenig später. Bist du halt wieder nach Berlin zurück.

Diese armen Jahre, sagt deine Frau heute, waren eure schönste Zeit. Voll Hoffnung, voll von heftigen Träumen. Irgendwann habt ihr euch scheiden lassen, aber ihr seid bis zuletzt eng befreundet geblieben. Die Frauen, sagt Ellen, haben dich gemocht. Es gab immer welche, mit denen du glücklich warst oder auch unglücklich. Zuletzt hast du mit einer Frau gelebt, die deine Großkusine mütterlicherseits war. Du kanntest sie schon als kleiner Junge. Zu ihr hast du im Krankenhaus gesagt: »Einer von uns muss zuerst gehen, das wissen wir doch, und jetzt bin's eben ich …« Zwei Tage später warst du tot.

Im Mai vergangenen Jahres haben die Ärzte bei dir Krebs diagnostiziert. Man hat dich operiert und anschließend eine Strahlentherapie vorgeschlagen. Dafür hätte man dir alle Zähne ziehen müssen. Du hast dich ganz ruhig und umfassend informiert und dann entschieden: nein. Den ganzen letzten Sommer ging es dir gut. Du warst in Ligurien auf deinem Hof und glücklich. Im November bist du beschwerdefrei nach Helsinki gereist, um mit Jessica, deiner Tochter, zwei Wochen zusammen zu sein. Du hast jeden Tag gekocht und bei 0 Grad in der Ostsee gebadet.

Wieder in Berlin, zwei Wochen vor Weihnachten, begannen Schmerzen im Rücken. Der Krebs, hast du gleich vermutet. Und so war es. Am 8. Januar hat man dich ins Klinikum Steglitz gebracht. Ein Tumor an der Niere, der explosionsartig gewachsen ist. Dank Morphium hattest du keine Schmerzen. Du lagst im Bett und hast viele Zettel geschrieben mit Stichworten, mit Gedanken, die dir durch den Kopf gingen. »Merkwürdig«, hast du gesagt, »was für Bilder man sieht, wenn man losgelassen hat.«

Nie, sagt Ellen, hast du dich vor irgendwas gefürchtet, auch vor dem Tod nicht. Du mit deinem blonden Lockenkopf, du mit deinen abgewetzten Jeans und den Plastiktüten, die mit Fotoapparaten und Schreibsachen voll gepackt waren. Du bist ohne Leiden und wahrscheinlich ohne es zu merken gestorben. Deine Asche wird in dem ligurischen Dorf beigesetzt werden, im Sommer, unter dem großen heißen italienischen Himmel, den du geliebt hast.

Kannst du mich hören? Ich danke dir dafür, dass du niemals einen Nervenzusammenbruch bekommen hast, wenn ich im Auto »links« gesagt und »rechts« gemeint habe.

Ciao, Rainer.

Literaturverzeichnis

Adorno, Theodor: *Minima moralia*, Frankfurt 1982

Aries, Philippe: *Die Geschichte der Kindheit*, München 1978

Barthes, Roland: *Fragmente einer Sprache der Liebe*, Frankfurt 1984

Beck, Ulrich: *Risikogesellschaft. Auf dem Weg in eine andere Moderne*, Frankfurt 1986

Beck, Ulrich und Beck-Gernsheim, Elisabeth: *Das ganz normale Chaos der Liebe*, Frankfurt 1990

Beck-Gernsheim, Elisabeth: *Das halbierte Leben. Männerwelt Beruf, Frauenwelt Familie*, Frankfurt 1980

Benn, Gottfried: *Leben ist Brückenschlag – Gedichte, Prosa, Autobiographisches*, München/Zürich 1962

Bude, Heinz: *Deutsche Karrieren. Lebenskonstruktionen sozialer Aufsteiger aus der Flakhelfergeneration*, Frankfurt 1987

ders.: *Das Altern einer Generation. Die Jahrgänge 1938–1948*, Frankfurt 1995

Coupland, Douglas: *Generation X. Geschichten für eine immer schneller werdende Kultur*, Berlin/Weimar 1994

Dörrie, Doris: *Love in Germany*, Zürich 1994

Elias, Norbert: *Über den Prozess der Zivilisation*, Bern/München 1969

Fallaci, Oriana: *Brief an ein nie geborenes Kind*, Frankfurt 1979

Fest, Joachim: *Der zerstörte Traum. Vom Ende des utopischen Zeitalters*, Berlin 1991

Foucault, Michel: *Die Sorge um sich, Sexualität und Wahrheit*, Frankfurt 1989

Frankl, Viktor: *Das Leiden am sinnlosen Leben. Psychotherapie für heute*, Freiburg 1984

Jaeggi, Eva: *Wenn Ehen älter werden*, München 1985

Kernberg, Otto F.: *Innere Welt und äußere Realität*, München 1988

Kundera, Milan: *Das Buch der lächerlichen Liebe*, Frankfurt 1989

Luhmann, Niklas: *Liebe als Passion. Zur Codierung von Intimität*, Frankfurt 1984

Marcuse, Herbert: *Der eindimensionale Mensch*, Neuwied/Berlin 1967

Merian, Svende: *Der Tod des Märchenprinzen*, Reinbek 1983

Mosler, Peter: *Was wir wollten, was wir wurden. Studentenrevolte zehn Jahre danach*, Reinbek 1977

Neidhardt, Friedhelm: *Die Familie in Deutschland. Gesellschaftliche Stellung, Struktur und Funktion*, Opladen 1975

Richter, Horst Eberhard: *Eltern, Kind und Neurose. Die Rolle des Kindes in der Familie*, Reinbek 1969

Rilke, Rainer Maria: *Briefe*, Frankfurt 1980

Rutschky, Michael: *Erfahrungshunger. Ein Essay über die siebziger Jahre*, Köln 1980

Schmidbauer, Werner: *Die Angst vor Nähe*, Reinbek 1985

Sennett, Richard: *Verfall und Ende des öffentlichen Lebens. Die Tyrannei der Intimität*, Frankfurt 1983

Ulrich, Bernd: *Deutsch, aber glücklich*, Berlin 1998

Vollmer, Antje: *Die schöne Macht der Vernunft. Auskünfte über eine Generation*, Berlin 1991

Wallerstein, Judith und Blakeslee, Sandra: *Gewinner und Verlierer. Frauen, Männer, Kinder nach der Scheidung. Eine Langzeitstudie*, München 1989

dies.: *Gute Ehen. Wie und warum die Liebe bleibt*, München 1998

Wazlawick, Paul: *Die erfundene Wirklichkeit*, München 1984

Welter-Enderlin, Rosmarie: *Paare – Leidenschaft und lange Weile. Frauen und Männer in Zeiten des Übergangs*, München 1992

dies.: *Deine Liebe ist nicht meine Liebe*, Freiburg 1996

Willi, Jürg: *Die Zweierbeziehung*, Reinbek 1975

ders.: *Ko-Evolution – die Kunst gemeinsamen Wachsens*, Reinbek 1985

ders.: *Was hält Paare zusammen?*, Reinbek 1993

ders.: *Psychologie der Liebe*, Stuttgart 2002

Zola, Emile: *Wie man heiratet und wie man stirbt*, zweisprachige Ausgabe, München 1974